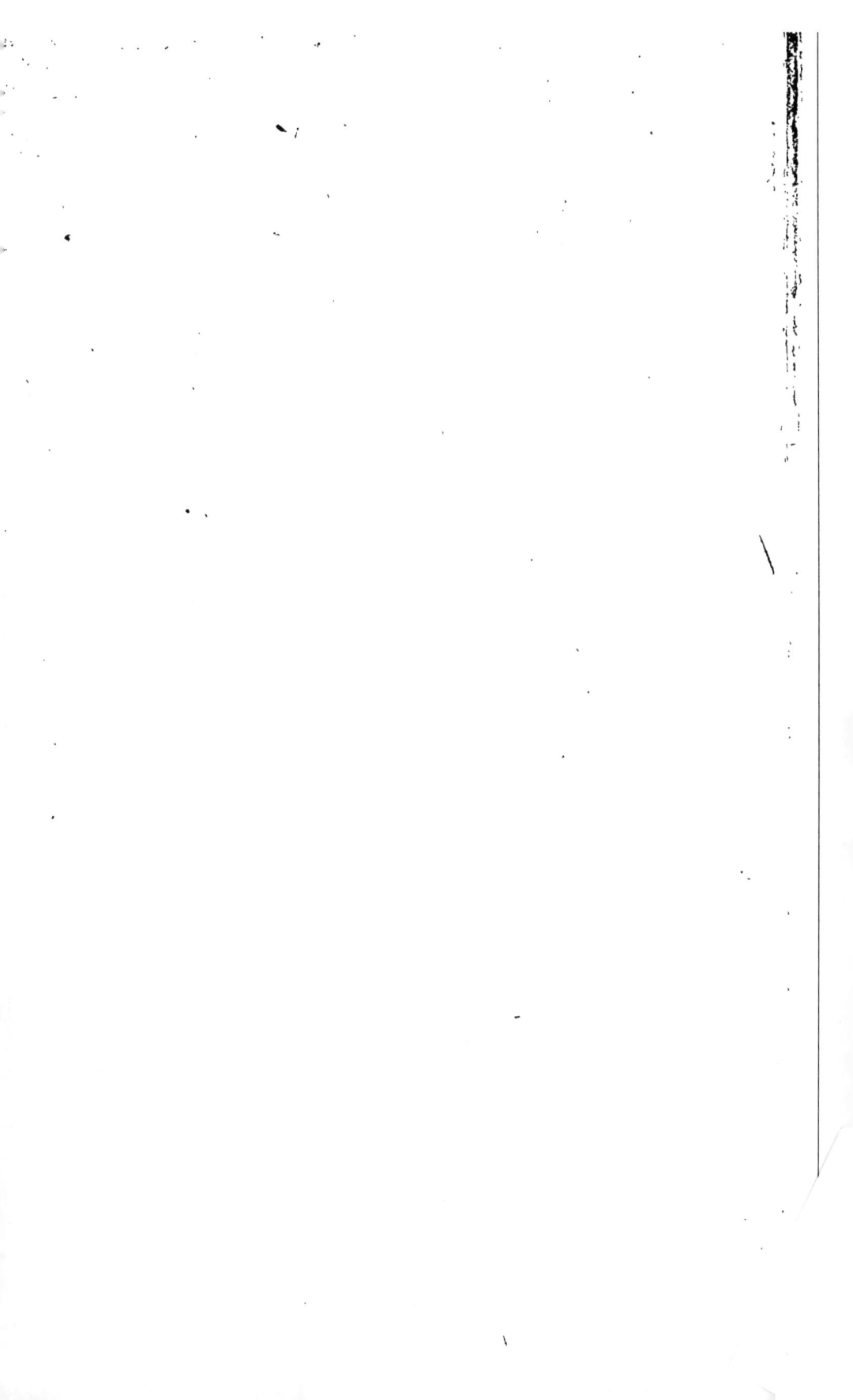

EXAMEN

DE LA

RELIGION

DONT ON CHERCHE

L'ECLAIRCISSEMENT DE BONNE FOY.

ATTRIBUÉ

A M. DE St. EVREMOND.

Traduit de l'Anglois

DE GILBERT BURNET.

Par Privilége du Roy.

❊

A LONDRES,

Chez G. Cook.

M. DCC. LXI.

PREFACE

DE L'EDITEUR.

LE genie de Monfieur de St. Evremond eft fi univerfellement reconnu, que fon nom au feul Titre de cet Ouvrage, en donne une idée favorable que la lecture fortifie; les gens éclairé de tout âge, qui chercheront avec fincérité à détruire leurs doutes, feront entiérement fatis-faits, & du premier coup d'œil fentiront toute la

ã   force

force & la solidité des
vérités importantes que
renferme ce livre, par un
sentiment puisé du fond
de leur cœurs, ils acqué-
reront cette tranquillité
d'ame, qui peut seule
assurer le bonheur de la
vie; & que nous ne pou-
vons espérer de posséder
au milieu des Combats
continuels, que nous li-
vrent à la fois, la nature
ou les passions, la raison,
& les préjugés de l'En-
fance: il me semble en-
tendre d'ici les voix réu-
nies des sots, dont l'Univers

vers fourmille qui (vivement pénétré des maximes qu'ils ont succé avec le lait) s'écrient „ quels „ abus! n'entraînent point „ une pareille morale, si „ vous détruisés la Religion, si vous n'admet- „ tez, ni punitions, ni ré- „ compenses, plus de pro- „ bité, ni de bonnes foy „ sur la terre; les vertus „ deviendront des chimè- „ res; les vices les plus „ affreux, les remplace- „ ront: chacuns s'aban- „ donnant à ces goûts, à „ ces penchants, la société

„ sera

iv

„ sera bientôt détruite, la
„ confusion s'emparera de
„ l'Univers & nous de-
„ viendrons en tout sem-
„ blables aux animaux fé-
„ roces . . . .

Rien de plus futile qu'un pareil raisonnement; Mr. de St. Evremond, a suffisamment montré dans le cours de cet Ouvrage, que la Religion ne retient pas autant de personnes dans le devoir, que la rigidité des loix, & les punitions corporelles; ainsi sans m'amuser à répondre pied à
pied

pied à ces machines lourdement organiſée qui n'oſent penſer par eux-mêmes ; je pourrois leur prouver avec Baîle ; qu'une ſociété d'hommes n'ayants d'autres Religion que celle que la nature a gravé dans nos cœurs, peut avec de bonnes loix, non-ſeulement ſe ſoutenir mais encore faire leur bonheur réciproque : les Chinois ſont un exemple frappant de cette vérité, cet Empire immenſe ne ſe maintient depuis tant de ſiécles, que par ſes loix, &

par

par la morale du grand Confucius, qui n'eſt autre choſe que les préceptes de la loi naturelle : „ Mais me diront-ils en-„ core ce Livre ne peut „ être que pernicieux au „ Royaume & préjudi-„ ciable au repos public, „ dans l'état où ſont les „ choſes cette morale ne „ peut être adoptée ſans „ un bouleverſement gé-„ néral. . . . .

Je leur défie de me le prouver. Ce Livre n'eſt pas fait pour la foule in-ſenſée du Peuple, trop groſſier

grossier dans ces percep-
tions; l'erreur près d'eux,
ne peut se détruire par la
raison , chez les Ignares
la force des préjugés est
invincible ; d'ailleur la
crainte imaginaire des
feux éternels , leurs fer-
meront toujours les yeux
aux vérités métaphisiques
qu'il contient, il ne pour-
ra donc y avoir que quel-
ques genies heureux qui
en profiteront, & ils ne seront point capable de troubler la Société; ces principes ne feront jamais des
fanatiques; ils ne feront
que

que des sages heureux, qui connoissant l'aveuglement de leurs compatriotes, gémirons de leurs foiblesses, & ne déclameront point contre eux. Le naturel corrompu, qui par légéreté adopteroit cette morale ; sera toujours retenu dans les devoirs de l'honnête homme & du bon Citoyen, par le point d'honneur, la crainte de l'imfâmie ou de la sévérité des Loix. Ainsi sur quelques raisons que se fondent les Ennemis de ce Livre, il leur est impossible

possible de me prouver
qu'il peut produire aucuns
mal. **J. C. P. D.**

AVERTISSEMENT.

J'AI crû devoir joindre
à la fin de ce Livre
quelques piéces intéref-
fantes fur différens fujets,
qui étant difperfée, font
inconnue de beaucoup de
perfonnes : j'y ai ajouté
encore quelques réflec-
tions, fur l'amour propre,
fur les paffions, fur le libre arbitre, fur le mot de
nature, &c. elles ne peu-
vent toutes que fatisfaire

&

& détruire beaucoup de doutes, qui par les foins des Théologiens, qui les appellent des retours de la grace, ne peuvent que troubler le repos de la vie, & rendre malheureux par des combats inutiles & continuels. **J. C. P. D.**

EXAMEN

DE LA

RELIGION,

DONT ON CHERCHE L'ECLAIRCIS-
SEMENT DE BONNE FOY.

ATTRIBUÉ

A M. DE St. EVREMOND.

CHAPITRE I.

*S'il doit être permis à un chacun d'exa-
miner sa Religion & s'il est necessaire de le faire ?*

1. IL semble qu'il doit être permis &
qu'il est même necessaire que
chacun examine sa Religion : car que
peut il y avoir depuis le commencement de nôtre vie , jusqu'au moment
de nôtre mort , qui nous interesse da-
vantage, que l'Etat où nous devons
être après la fin de nos jours ? l'Etat
heureux ou malheureux où nous sommes pendant la vie , peut finir à chaque instant, nous savons qu'il finira,
& l'état où nous serons après la mort ,

A

n'a d'autres bornes que l'Eternité.

Dans les premiéres Années de nôtre vie, nous n'avons pas assez de capacité, ni de force pour nous occuper d'autres choses que du présent ; il fait sur nous des impressions qui nous empêchent d'examiner l'avenir : cette foiblesse nous fait croire ceux en qui nous trouvons le plus de lumiere , & ce qui n'est en eux qu'un effect de leur experience , nous le regardons comme une suite d'une connoissance naturellement plus étenduë que la nôtre : Ils prevoyent la vicissitude des saisons , ils prennent des mesures pour nous en garentir , &c.

La Religion nous promet un bonheur éternel & nous menace d'un malheur sans fin , selon la differente conduite que nous aurons gardée pendant nôtre vie , conduite qu'elle nous prescrit : pouvons-nous donc nous étourdir jusqu'au point de ne pas examiner qui fait ces promesses & ces menaces ; & quels en sont les fondemens ?

2. On ne peut douter que dans toutes sortes de Religions , il n'y ait des Personnes de bonne foy ; J'en appelle au temoignage de tous les Voyageurs. Or si un CHRETIEN de bonne foy ,

ne

ne veut pas examiner fa Religion ;
pour quoi voudra-t-il qu'un MAHO-
METAN de bonne foy examine la
fienne ? Celui-ci croit également que
fa Religion vient de Dieu, qui l'a revelée par Mahomet, comme le Chretien croit que Dieu a revelé la Religion Chretienne par Jefus-Chrift. Il
y a bien de l'injuftice parmi les Hommes, chaque fecte, chaque Cabale fe
croit infaillible, & ne veut point s'appliquer à foi-même les objections
qu'elle fait aux autres ; le prejugé ne
nous laiffe pas feulement entrevoir le
danger de la Retorfion.

3. Plus on examine la vérité, & plus
on la connoît, l'Examen & l'attention
font une Priére naturelle, difent les
Philofophes, que nous faifons à Dieu,
pour le porter à nous découvrir la verité. Si la Religion chretienne eft veritable, l'examen nous fortifiera dans fa
croyance : Si elle eft fauffe, quel bonheur pour nous de fortir de l'erreur ?

La Religion eft, dit-on, un Depôt
précieux que les Péres ont laiffé à leurs
Enfans : Si ce depôt n'eft pas un Rien,
une Fiction, que craignons nous de
l'examiner ? Si c'eft une Fable, quel
mal y aura-t-il de reconnoître que ce

qu'on nous a donné comme une réalité, n'est qu'une imagination de nos ancêtres.

4. Nous ne sommes dans une croyance, ou dans un sentiment, que par raison, ou par prejugé. Nous y sommes par raison, lorsque nous l'embrassons après un serieux Examen, & par l'evidence de la Demonstration.

Nous y sommes par Prejugé, quand nous l'embrassons par quelque autre voye que ce soit; comme lorsque nous croyons que quelque chose est uniquement, parce que nos Péres, nos Pasteurs, nos Maîtres, nos amis nous l'ont appris, & nous ont dit que cela êtoit ainsi.

Ce que nous croyons par raison, ne sauroit être faux, lorsque nous avons pris toutes les precautions possibles & que l'on doit prendre pour former un jugement solide.

Ce que nous croyons par prejugé peut être faux ou veritable & nous ne devons croire qu'il est l'un ou l'autre, qu'après un serieux Examen.

Ainsi lorsque nous croyons une Religion veritable sans l'avoir examinée & seulement parceque nous y sommes nés, ou que ceux qui avoient quelque

Autorité

Autorité fur nous, nous l'ont dit, nous ne la croyons veritable que par Prejugé. Cette Religion peut donc être fauſſe ; & nous avons beau être de bonne foy, nous ſommes menacez du dernier des Malheurs, ſi nous ſommes dans l'Erreur & les autres ſectes dans la veritable voye. Qu'un Chretien conſidere le malheur d'un Mahometan de bonne foy qui n'eſt dans ſa Religion que par prejugé, le Mahometan penſe du Chretien ce que celui-ci penſe du Mahometan.

Or juſqu'à ce que le Chretien ait examiné ſa Religion, qui lui a dit qu'il n'eſt pas dans la malheureuſe ſituation du Mahometan ? qu'eſt-ce qui nous raſſure ? eſt-ce notre prejugé, notre bonne foy ? mais on ne peut nier que dans toutes les Religions, on ne trouve ce prejugé & cette même bonne foy.

Le Chretien ſe flatte lorſqu'il croit que toutes les autres Religions ſont viſiblement mauvaiſes. Il n'eſt pas en cela de ſi bonne foy que l'Ecriture, qui dit, que Jeſus-Chriſt paroit une folie aux Nations & que les Juifs le regardent comme leur honte, *Gentibus ſtultitiam, Judæis ſcandalum.* Tous les au-

A 3   tres

tres Peuples de la Terre nous croyent
les plus deraifonnables du monde en
matiere de Religion. Les Payens difent
que nous adorons un homme, un
morceau de Pain, & qu'ainfi nous n'a-
vons rien à leur reprocher. Les Turcs
nous accufent de multiplier la Divinité; Enfin fi nous croyons qu'ils doivent embraffer nôtre Religion, à caufe
que les leurs contiennent des impertinences, ils foutiennent qu'il n'y a rien
de plus extravagant que ce que nous
appellons Myfteres. Ainfi puifque chacun ne juge que par prejugé du ridicule de la Religion de fon voifin, il
femble que l'examen feul peut ou nous
raffurer, ou nous détromper.

Je crois donc cet examen non feulement utile, puifqu'il peut nous de-
trómper, fi nous fommes dans une
fauffe Religion ou nous affermir fi
nous fommes dans la véritable : mais
de plus je le crois néceffaire & indif-
penfable, puifque nous ne voyons rien
qui nous intereffe tant que l'Eternité.

Un nombre infini d'hommes nous
crient par leurs paroles & par leur conduite, que nous fommes dans une fauffe Religion, que nous fouffrirons éternellement, & nous aurons l'affurance
de

de demeurer tranquiles & de ne pas feulement examiner fi tant de perfonnes fe trompent ou fi c'eſt nous qui donnons dans l'illuſion ?

Examinons un moment combien le nombre des Chretiens eſt petit : La Terre a quatre Parties, l'Aſie, l'Affrique, l'Europe & l'Amerique. On doit compter pour peu de choſe les Chretiens d'Aſie, d'Affrique & d'Amerique, encore damnons nous une partie de ces Chretiens qui ne font pas Catholiques. Reſte l'E..rope ; le Turc en occupe une partie, le Moſcovite que nous damnons auſſi parcequ'il eſt ſchiſmatique y poſſede un grand Royaume, nous damnons encore l'Angleterre, la Hollande, la Suede, le Dannemarc, preſque toute l'Allemagne & une grande partie de la Suiſſe parcequ'ils font heretiques ; combien même y a t il d'heretiques dans les Etats qui nous reſtent ? Je ne pretens pas conclure du petit nombre que nous ayons tort: mais je ſoutiens ſi je parle à des perſonnes raiſonnables que cela doit au moins nous porter d'examiner ſi nous avons raiſon. Les autres hommes ne font-ils pas comme nous, l'ouvrage de Dieu, & notre amour propre peut-il il nous aveugler jufqu'au point de nous faire croire, avant de l'avoir bien examiné, que nous fommes les feuls que Dieu fauvera ?

D'ailleurs ne dois-je pas craindre de m'expofer à ne pas fuivre la volonté de Dieu ? car enfin avant l'examen, je ne fuis pas affuré de la fuivre, & je dois dire avec David, *Notum fac mihi viam in qua ambulem, doce me juftificationes tuas* ; comment pourrai-je fans cet examen, difcerner les fables des hommes d'avec la Loy de Dieu ? *narraverunt iniqui fabulationes, fed non ut Lex tua* ; Il fe fait dans le monde une circulation de toute chofe & même de Religion.

L'Orient a été le centre du Paganifme, enfuite de la Religion Chretienne : aujourd'hui il l'eft de la Mahometane : Ce qu'il y a de particulier & qui convient au fujet de ce chapitre, c'eft que les anciens Chretiens qui fuccederent aux Payens, fe mocquoient de leur Religion : Les Mahometans d'aujourd'hui qui ont fuccedé aux Chretiens, les tournent fans ceffe en ridicule, ils les plaignent, ils leur font pitié : Eft-ce le Mahometan, ou le Chretien qui fe trompe ?

ς L'Homme

5. L'Homme ne doit agir que par raifon, Dieu même n'agit fur nous que par cette voye; & les Theologiens conviennent qu'il éclaire l'Efprit avant d'echaufer le cœur.

La Foy vient de l'ouïe, dit l'Ecriture, c'eft à dire que la Foy vient à nous, parce que les hommes nous difent que Dieu a revelé certaines verités ; la Foy fuppofe donc la Raifon, & celle-ci ne doit fe taire que lorfqu'elle eft conduite jufqu'à la Foy : C'eft à dire que la Raifon qui nous decouvre que Dieu eft infaillible, nous doit convaincre de la Revelation, après quoi elle doit croire aveuglement ; Or Dieu ne nous revelant point la Religion par lui même, nous devons conftamment examiner, fi celle que certains hommes difent nous propofer de fa part, eft préferable à celle que d'autres hommes propofent auffi ailleurs en fon nom : Car les hommes ne font point infaillibles : & puifque fe font les hommes qui nous apprennent la Revelation, il eft certain, comme dit l'auteur de la Recherche de la Verité, que tout ce que les hommes nous aprennent, eft foumis à nôtre Raifon.

Il n'eft pas permis de croire les hom-

mes

mes fur leur parole , dit le même Auteur ; ce n'eft pas une preuve fuffifante
pour croire une chofe, que de l'entendre dire par un homme qui parle avec
zéle & avec gravité : Car enfin ne peut-
on jamais dire des fauffetés & des fot-
tifes , de la même maniere qu'on dit
de bonnes chofes , principalement fi
l'on s'en eft laiffé perfuader par fimplicité , ou par foibleffe. Tous les
Auteurs de differentes Religions ,
n'ont-ils pas parlé de même ?

Dans les affaires de confequence, on
veut rendre raifon de fa conduite , on
ne veut pas agir par hazard, pourquoi
ferons-nous moins exact en matiére
de Religion ? y a-t il rien qui nous
intereffe d'avantage ; que l'état ou
nous devons être éternellement ?

S'il ne faut rien innover en matiere
de Religion , fi l'ancienneté en eft le
Caractere , que devoient dire les Juifs
à la vue du bouleverfement que Jefus-
Chrift vouloit faire à leur Religion ?
Ce bouleverfement alors êtoit nouveau , jamais il n'a été predit, au contraire ils attendoient le Meffie fous un
autre face. Luther & Calvin n'ont pas
tant bouleverfé chez les Catholiques
& ils ont été traitez de novateurs.

Dans

Dans la Religion Chretienne, on prend Dieu pour un *subtil* fophifte, ou un delié chicaneur, que de lui faire envoyer fon fils *incognito* à un feul peuple, & puis faire le procez au refte des hommes *je vous ai envoyé mon fils, &c.*

6. Pour ètre donc la difpofition de fuivre exactement la volonté de Dieu en matiére de Religion, il faut commencer par lui faire un facrifice de fes Prejugez. Prefque tous les hommes foutiennent avec force & avec zele, les chofes pour lefquelles on leur a infpiré de la veneration & de l'attachement dez l'Enfance; ce que nous avons appris des Perfonnes qui avoient quelque autorité fur nous, ou en qui nous avions confiance, a gravé des traces profondes dans nôtre cerveau, la nature a lié certaines penfées à ces traces, peu de perfonnes font en état de les éfacer & de s'en former d'autres que la feule raifon excite : l'Orgüeil, l'Interèt & les Prejugez font trois obftacles en matiére de Religion que peu de Perfonne peuvent furmonter.

Celui qui eft dans l'Erreur de bonne foy, & qui n'a pas le moyen d'en fortir eft excufable : mais dit-on pardonner à
celui

celui qui ne veut pas se donner le soin
& la diligence necessaire pour s'éclaircir. N'est-il pas étonnant de voir dans
toutes les Religions des Personnes d'un
bon sens, merveilleux en toute autre
chose, tomber de sang froid dans des
impertinences, s'habiller d'une certaine façon, faire des tours, des demis
tours, babiller tantôt haut, tantôt bas,
badiner avec un morceau de Pain , le
montrer, le cacher, monter sur un au-
tel , en descendre, remonter &c.

7. Ceux qui disent qu'ils ne risquent
rien de demeurer dans la Religion
Chretienne , ne prennent pas garde
qu'en cela ils pèchent contre cette même Religion , par ce qu'elle oblige de
croire, non qu'on ne risque rien en la
suivant: mais qu'on est obligé de la suivre, & qu'on se damne en ne la suivant
pas.

D'ailleurs on tient le même langage
dans les autres Religions. Le Turc dit
qu'il ne risque rien en suivant la Religion de ses Péres qui est celle de la nature , que le Chretien risque tout de
croire un Dieu triple, un Dieu dans un
morceau de pain, un Dieu homme, en
un mot , bien des choses opposées à la
droite lumiere de la Raison, que c'est
tout

tout rifquer de fuivre une Doctrine contraire à cette lumiere, qui conftamment vient de Dieu : Donc il faut examiner la Religion.

8. Les hommes ont fi bien reconnu de tous les tems la neceffité de la Revelation, pour établir une Religion, que tous les Auteurs des fectes fe font vantez que Dieu leur avoit revelé ce qu'ils enfeignoient aux autres ; mais fi Dieu l'a revelé à un, il ne lui auroit pas plus couté de le reveler aux autres. Dieu eft par tout prefent, quand il conferve, prefent quand il revéle, à certains mouvemens font liées certaines impreffions ; vous n'avez reçu que les mouvemens où eft liée l'impreffion, que vôtre Religion eft la veritable ; vous ne fauriez pas la croire telle qu'en examinant la caufe de fes mouvemens.

L'Onction depend du Temperamment ; c'eft le propre des Temperammens tendres. M. de Fenelon, archevéque de Cambray, écrivoit avec onction contre M. Boffuet Evéque de Meaux. St. Jerôme a écrit avec onction contre St. Auguftin. St. Paul contre St. Pierre. St. Cyprien foutenoit avec onction que le Batème des Heretiques

B

ne valoit rien. Chacun croit parler le
langage du St. Efprit, à quel caractere
devroit on le reconnoître ? mais la plus
part du tems la brigue fait la decifion;
nous qui fommes hommes, ne favons
nous pas bien jufqu'à quel point d'autres hommes ont pû ètre impofteurs ou
dupes ?

9. Tout le monde fait que la Religion
n'eft pas uniforme dans le monde, dans
le mème climat , dans la mème ville ;
on nous enfeigne en divers endroits
fous le nom de Religion des Dogmes differents & entierement oppofez.
Ceux qu'on enfeigne en Angleterre,
font incompatible avec ceux qu'on enfeigne à Rome. La Religion des Chinois exclus celle des Perfans ; chaque
focieté fe croit infaillible & foudroye
la Religion de fon Voifin.

On ne peut imaginer d'aveuglement
plus extréme que celui de s'étourdir
fur un fujet fi intereffant: nous n'avons
que nôtre bonne foy , & le prejugé de
l'Education qui nous raffure: Mais eft-
ce affez pour demeurer tranquiles? Les
autres Religions ne nous offrent elles
point également des Exemples d'une
égale bonne foy , & d'une éducation
qui opere la mème affurance: que chacun

cun donc examine fa Religion , qu'il
voye s'il n'eft pas dans la même Erreur,
ou il affure qu'eft fon Voifin; car, enfin, la verité ne craint point l'Examen.

Mais quel affreux detail, dit-on, que
celui d'examiner qu'elle eft la veritable
Religion! Il y a plus de Religion, que
de Nations; d'ailleurs il faut ètre exact,
critique judicieux pour difcerner le
vrai d'avec le faux: c'eft ainfi qu'on
s'etourdit : mais la plufpart de nos Erreurs & de nos Paralogifmes viennent
de ce que nous raifonnons fur des
mots, avant que d'en fixer le veritable
fens. Ainfi avant que de voir fi nôtre
Religion doit être preferée à celle des
autres, determinons ce que c'eft que
Religion & ce que c'eft que croire :
peut-ètre abrégerons nous un detail ,
qui nous epouvante! toutes les quef-
tion de la Religion fe reduifent à celle-
ci ; favoir fi Dieu a parlé ? & quels font
les veritez qu'il a revelées ? ce qui fera
examiné dans les chapitres fuivans.

CHAPITRE II.

Ce que c'est que la Religion ? des preuves que la Religion doit avoir & des Conditions que ces preuves doivent avoir.

1. LA *Religion* est le culte que les hommes difent que Dieu exige d'eux. On appelle fauffe Religion , le culte que les hommes rendent à Dieu, fans que Dieu l'ait revelé & exigé.

Croire c'eft foumettre fa Raifon à ce que Dieu a revelé ; ainfi la Foy fuppofe l'autorité divine. Par confequent dire qu'il faut croire fans raifonner , c'eft foutenir que Dieu nous a revelé quelques Dogmes, fans examiner s'il eft vrai que Dieu les a revelés.

C'eft ce qui ne tems pas à moins , qu'à autorifer toutes fortes de Religions. S'il eft de l'effence de la veritable Religion qu'elle foit revelée de Dieu , il n'y a point de veritable Religion fi Dieu n'en a Point revelé. Ainfi examiner s'il y a une veritable Religion dans le monde , c'eft examiner fi Dieu a revelé aux hommes un culte qu'il exige d'eux.

On

On ne connoit point de verité plus
evidente que celle-ci , c'est par ce que
Dieu ne sauroit nous tromper non
seulement parce qu'il est souveraine-
ment bon ; mais parce que c'est une
foiblesse que de tromper , & que Dieu
est exempt de foiblesse. Quelle Comedie fait-on jouer à Dieu ? Tous les siécles ont vû naître de nouvelles Religions ; chacune se vante d'être la veritable & celle que Dieu a revelée. Tant
d'inconstance & de varieté n'est point
l'ouvrage de Dieu : il est immuable &
incapable de tromper personne ; &
d'ailleurs il est tout puissant, il ne peut
y avoir d'Etre qui opere quelque chose
d'opposé à sa volonté : ainsi ce qu'on
croit sur le fondement & la Revelation
divine, on le croit par la raison de
Dieu même, par consequent sur un
motif évidemment plus certain qu'aucune Demonstration de Geometrie.

L'autorité divine est donc le fondement de la Foy : aussi tous les Theologiens enseignent avec St. Thomas,
que l'Existence de Dieu n'est pas un
article de Foy supposé, au contraire,
non objectum fidei , sed scientiæ, qu'on
est déja pleinement convaincu de l'E-
xistance d'un Etre incapable de trom-

per, parce, difent-ils, que quand on demande pourquoi croyez-vous ? on repond, parce que Dieu l'a dit, donc la Foy lé fuppofe.

1°. Qu'on connoit Dieu avant que de croire.

2°. Qu'on eft convaincû qu'il ait parlé, Le vulgaire qui n'agit que par préjugé, ne diftingue pas ce qui eft du reffort de la raifon, d'avec ce qui regarde la foy : tantôt il foumet mal à propos la foy à la raifon, comme quand il fe donne la liberté d'examiner la fubftance des Myfteres : tantôt il foumet fans difcernement la raifon à la foy comme font ceux qui n'ofent revoquer en doute, ce que leurs Pafteurs leur ont appris.

Puifque pour diftinguer la foy veritable des Erreurs il eft neceffaire qu'elle ait un autre fondement qu'elle mème, elle ne peut en avoir de plus folide que la raifon dont Dieu feul eft l'Auteur ; ainfi la raifon doit nous conduire à la veritable foy, & nous fervir à la difcerner des fables que la malice des hommes a inventées : mais quand la raifon nous a guidés jufqu'à la foy, elle doit fe taire, ou fi elle parle, ce ne doit ètre que pour nous dire qu'elle

fait

fait avec certitude qu'elle doit se sou-
mettre entierement à la foy.

La raison connoit Dieu , & examine avec d'autant plus de certitude la
verité de la Revelation , qu'elle voit
qu'il n'y a rien de plus dangereux que
de prendre des fantômes pour des verités revelées , ou des verités revelées
pour des fantômes ; mais lorsqu'elle a
reconnu que Dieu parle, elle écoute &
se tait.

2. Nous avons dit que la Religion
est le culte que les hommes disent que
Dieu a exigé d'eux. Dieu seul doit
donc avoir revelé ce culte aux hommes, autrement on auroit aucune raison de pretendre que Dieu le deman-
dât de nous. Les preuves de cette revelation ne doivent point ètre douteuse.
Dieu est trop juste pour en agir autrement.

Je ne trouve point que ma raison
qui me vient constamment de Dieu ,
me fasse plus pancher pour une Religion que pour un autre ; ainsi les verités de la Religion ne font point de
verités innées & Metaphysiques , ni
éternelles, qu'on voit & qu'on connoit par tout ; ce sont des verités qui
dependent de faits : ce sont même des
verités

verités que je ne doit pas croire legerement de peur de m'expofer à rendre à Dieu un culte qu'il n'approuve point; ainfi bien loin qu'il faille croire aveuglement en matiére de Religion, on peut dire qu'il n'y a rien qui demande plus de circonfpection. Et où l'on doive être plus difficile à fe rendre & que par conféquent, les preuves de la veritable Religion, doivent être claires, convaincantes & faciles.

3. Si ma Religion n'a que des preuves qui conviennent à toutes les autres, qui foient equivoques, incertaines, d'une difcuffion impoffible, j'aurois lieu de m'en défier & de n'en rien croire.

Si Dieu veut que je l'honnore d'un culte particulier, il eft de fa bonté & de fa juftice de me le manifefter clairement, je ne puis refifter à cette verité, je l'apprends de la nature de Dieu même qui eft infiniment bon; & je trouverois de la cruauté à me refufer des preuves claires de fa volonté, moi qui fuis entierement difpofé à la fuivre, & qui ne la cherche & ne l'examine que dans la crainte de prendre le change, & de regarder les illufions des hommes comme des veritez, ou de

prendre

prendre des veritez pour des illufions des hommes.

4. Tout ce qui nous vient par le canal des hommes eft fujet à l'erreur, parce que les hommes ne font pas infaillibles, *Omnis homo mendax*. Dieu ne doit donc pas faire dependre fes veritez, des traditions des hommes ; il eft trop jufte, pour me foumettre à un motif fi trompeur, & l'on peut dire qu'il y auroit de la cruauté en Dieu d'exiger des hommes que les hommes fe foumiffent au rapport des autres hommes, touchant la raifon qui eft une lumiere qui vient de lui même, & qui nous dicte tout le contraire de ce que les hommes publient.

Les preuves de la Religion doivent être claires, parce que nous avons une raifon qui nous venant de Dieu ne fauroit être mauvaife : or cette raifon s'oppofant à ce que les hommes nous difent de la Religion, nous ne dévons pas étouffer cette lumiere fur de fimples probabilités. Ce feroit faire un très mauvais ufage du plus precieux Don que Dieu a fait à l'homme; il faut des preuves certaines, exemptes de toutes contradictions pour foûmettre une lumiere qui nous vient de Dieu ;

&

& qui eſt ſi uniforme dans tous les hommes. La verité eſt exempte de toute contradiction.

Bien loin que les preuves de la Religion ſoient claires, on ne voit rien de plus embarraſſé, & quand on ne ſeroit pas convaincu d'ailleurs que la Religion Chretienne eſt une pure invention des hommes, on ſeroit dans l'impoſſibilité de connoître, ſi ce que l'Egliſe Romaine croit aujourd'hui, eſt la même choſe de ce qu'elle a cru autre fois. Tous les livres de l'Ecriture & des Péres ont été ſujets à une infinité de fautes des copiſtes; il a plû à divers particuliers comme à Eſdras, à St. Jerôme, de les reformer en divers tems; les Benedictins s'aviſent encore de nos jours, de nous donner des Editions des Péres. Il y a eu une infinité de ſectes differentes dans les commencemens de l'Egliſe; quand les Péres ont refuté quelques erreurs, ils ſont tombé dans une extremité contraire; tout eſt confondu; donc rien de toutes ces belles choſes n'eſt l'ouvrage de Dieu qui ne ſe dement jamais; au lieu que les ouvrages des hommes ſont ſujets au changement, comme les hommes mêmes: l'effet n'eſt jamais plus parfait que la cauſe.　　　　　5. La

5. La véritable Religion ne doit point avoir recours à de fauſſes preuves; Dieu eſt immuable, tout ce qui eſt changement ne lui ſauroit convenir.

La Religion chretienne a changé trop de fois de culte & de face pour avoir jamais été inspirée de Dieu à A-dam; & les anciens Patriarches honnoroient Dieu d'une maniere differente de leur deſcendans. Moyſe a changé la face du Peuple juif. Salomon a apporté encore d'autres changemens. J. C. a fait encore autre choſe St. Paul a fait voir que Dieu ne vouloit plus de victimes. Chaque ſiécle, chaque Concile a apporté quelque nouvelle diſcipline, je pourrois même dire quelque Dogme nouveau ; & on en conviendroit, ſi l'on étoit de bonne foy. Non, tous ces changemens ne ſont pas l'ouvrage de Dieu, & ne decouvrent que trop l'ouvrage de l'homme.

6. La principale condition, ou plutôt le vrai caractere de la veritable Religion, eſt qu'elle ne nous donne pas une fauſſe idée de Dieu. Cette condition manque entierement à la Religion chretienne.

La raiſon pure nous donne une idée bien plus digne de Dieu que la Religion

gion chretienne. Elle nous repréfente
toujours Dieu comme un homme ;
c'eft dit-on ; pour s'accommoder à
nôtre foibleffe, que l'Ecriture tient ce
langage. C'eft ainfi qu'on excufe le ridicule des expreffions dont l'Ecriture
fe fert, lorfqu'elle nous parle de Dieu :
mais cette excufe ne fatisfait que des
Efprits prevenus. Que l'Ecriture s'ac-
commode à nôtre foibleffe, pour nous
faire entendre ce que nous ne favons
point par la raifon, qu'elle me faffe
des paraboles, pour m'expliquer les
qualités, les accidens de la parole de
Dieu ; volontiers : mais je ne faurois
comprendre que fe foit s'accommoder
à ma foibleffe, que de parler de Dieu
en des termes qui repugnent à l'idée
que j'en ai !

Ma raifon me dit que Dieu voit tout
également, qu'il eft prefent par tout,
puifqu'il conferve tout ; que pour
conferver, il faut agir ; que pour agir
quelque part il faut y être ; l'action
fupofant la prefence : en un mot Dieu
eft par tout, je le fais, & l'Ecriture
pour s'accommoder à ma foibleffe,
me dit que Dieu cherche Adam dans
le paradis terreftre, qu'il l'appelle *A-*
dam, Adam, ubi es ? que Dieu s'y
promene ;

premene ; que Dieu s'entretient avec
le Diable au fujet de Job. Ma raifon
me dit que Dieu eft un pur Efprit ;
que s'il étoit corps , il feroit fujet à la
divifion & l'Ecriture pour s'accommoder à ma foibleffe me dit que Dieu
a des bras ; elle en parle comme d'un
homme ; & c'eft pour cela que quelques anciens Péres , comme Tertulien
ont foutenu que Dieu étoit corporel
& fe font fervis de l'Ecriture pour le
prouver.

Ma raifon me dit que Dieu ne doit
ètre fujet à aucune paffion , qu'il doit
avoir une prevoyance infinie & qu'il
eft éternellement immuable ; & la Religion m'apprend que Dieu parlant à lui
mème , a prononcé ces belles paroles ,
je me repens d'avoir fait l'homme ; Ge-
nefe. Chap. 6. que fa colere n'a pas été
ineficace : Il l'a detruit par le deluge ;
& comme s'il n'avoit pas prevu que
les hommes feroient encore les mèmes,
il a confervé une famille qui en a produit de tout femblables aux premiers.
Dieu eft fi foible felon l'hiftoire de la
Religion chretienne qu'il ne peut re-
duire l'homme au point où il le voudroit, il le punit par l'eau , enfuite par
le feu ; l'homme eft toujours le mème ;

C   ij

il envoit des Prophétes, l'homme ne change point : Enfin il n'avoit qu'un fils unique, il a été obligé de l'envoyer & de le facrifier pour l'homme, & cependant les hommes font encore les mèmes. Que de ridicules demarches la Religion chretienne fait faire à Dieu ! ce n'eft pas tout, ma raifon me dit en vain que Dieu eft tout puiffant, qu'un autre volonté que la fienne ne peut s'accomplir nulle part, la Religion chretienne donne un adverfaire à Dieu prefque auffi puiffant & auffi grand que Dieu mème. C'eft le Diable. L'Ecriture & la Religion font livrer un Combat perpetuel entre Dieu & lui ; le Diable ne cherche qu'à faire de la peine à Dieu; fans ceffe il lui veut ravir les creatures: *Circuit quem devoret*, il y reüffit. A peine Dieu a-t-il créé un homme que le Diable en fait fon Efclave : qu'il en a couté à Dieu pour arracher l'homme des pates de fon Ennemi, encore n'en a-t-il arraché que quelques uns, il a fallu qu'il ait facrifié fon propre fils ; & c'eft alors feulement qu'il a dit, *nunc princeps hujus mundi ejicietur foras*. Me voilà maintenant maître du Champ de bataille. Suivant la Religion Chretienne nous ne

ne péchons que par la Tentation ; c'est
le Diable qui nous tente : si Dieu avoit
voulû , nous serions tous sauvez : Il
auroit épargné la mort de son fils. Il
devoit, puisqu'il est tout puissant, a-
néantir le Diable; plus de Diable, plus
de tentation : Donc plus de peché ,
par consequent tout sauvez ; Dieu ne
peut donc pas nous sauver.

7. Si Dieu n'a fait mourir son fils ,
que pour satisfaire à sa propre vengeance , & que parce que ce fils a bien
voulu par bon naturel, se charger du
peché de l'homme , je demande, si ce
n'est pas encore là renverser entierement l'idée que la Raison nous donne
de Dieu ? La Vengeance est une Passion qui ne sauroit convenir à Dieu.

La Religion fait joüer à Dieu la plus
ridicule de toutes les Comédies. Dieu
nous donne des Commandemens, la
Religion Chrétienne nous aprend que
nous ne saurions les accomplir , sans
la grace que Dieu ne donne qu'a qui il
lui plait , & que cependant Dieu punit ceux qui ne les suivent pas.

Si l'on vouloit entrer dans un plus
grand détail, il ne seroit pas difficile
de faire voir que la R. C. nous donne
une idée plus basse de Dieu, qu'aucune

autre

autre Religion ait jamais fait. Si les Payens n'avoient pas tant multiplié leurs Divinitez, & n'avoient pas fait leurs Dieux fi fenfuels, qu'aurions nous à leurs reprocher ? les Chétiens font Dieu triple, injufte, foible, changeant, contraire à lui même en cent manieres, foit comme Auteur de la Grace, ou comme Auteur de la Nature. Que conclure de tout cela, finon que la R. C. a été imaginée par des cervelles qui n'avoient pas plus d'étenduë d'Efprit, que ceux qui ont imaginé les autres Religions.

8. Bien loin que les preuves de la Religion foient claires, & qu'elles ayent été d'abord certaines & determinées, on ne voit au contraire que Trouble par tout. La R. C. a été fi peu certaine dez fa naiffance, qu'il s'eft élevé dans fon fein plufieurs Sectes differentes : On voit que la Religion, bien loin d'avoir été plus claire & plus déterminée dans fon Commencement, comme elle l'auroit été, fi Dieu l'avoit infpirée, au contraire elle s'eft éclaircie avec le tems ; Elle a fait le même progrez que tout autre Etat feculier. Les Chefs qui n'étoient d'abord que des fimples gueux, font maintenant au-

C 3   deffus

deſſus des Princes, puiſqu'ils préten-
dent avoir droit de leur commander :
Je ne puis m'empécher de faire ici une
obſervation qui fait bien ſentir l'homme dans la R. C.

Quand on demande d'où vient que
J. C. les Apôtres & les autres premiers
Chefs de l'Egliſe, ont vecu dans une
extréme pauvreté, juſqu'à être même
obligé de gagner leur Vie ? On répond
que c'étoit pour apprendre aux hommes le mépris des richeſſes & du Faſte.
On venoit, dit-on, précher une Doctrine toute oppoſée aux ſens, il falloit
convaincre le Peuple, autant par ſes
Exemples, que par ſes Paroles. On demande pourquoi les Chefs de l'Egliſe
& les Péres de ce tems préchent avec
un zele infatigable, le mépris des Richeſſes, lorſqu'ils recherchent avec
tant d'avidité & de ſoin ? Suivent ils en
cela les traces de J. C. & des Apôtres ?
que repondra t'on à cela ? On demande
enſuite d'où vient que J. C. & les
Apôtres n'ont point préché ouverte-
ment les Myſteres de la R. C. que J.
C. a caché ſon incarnation miraculeuſe, que les Apôtres & les anciens
Pères n'ont point parlé de l'Euchariſtie ?
On répond qu'ils ont voulu ménager
C 3   le

le peuple, par une conduite fage appellée Oeconomie. On demande encore pourquoi les Cardinaux & les
Evêques qui font les Chefs de l'Eglife,
font fi puiffans & vivent avec tant de
fafte & de magnificence ? on repond
que c'eft pour contenir le Peuple, qui
a befoin qu'on lui en impofe. On a
beau dire, cette differente fituation de
la Religion, cette differente conduite
des Chefs, ne marque pas une differente fituation dans l'Efprit du Peuple
qui eft toûjours le même : mais elle
marque une differente fituation dans
ceux qui gouvernent l'Eglife, qui con-
noiffant la folie de ceux qui abandon-
noient leurs Richeffes pour vivre pauvres comme J. C. font ce qu'ils peuvent pour vivre comme des Rois & des
Princes, dans un auffi grand deregle-
ment & dans un auffi grand fafte ; conduite toute oppofée à celle qui prè-
chent : mais c'eft là le vice des Hommes plutôt que de la Religion.

J. C. & les Apôtres auroient été bien
embaraffez de faire les Princes : Ils fentoient trop le ridicule de leurs Myfteres
pour les prêcher publiquement à d'autres qu'à ceux dont ils avoient pu me-
nages l'Efprit, & qui ne pouvoient
plus.

plus reculer après de certaines demarches.

On demande encore, d'où vient
qu'on prêche publiquement les Myfteres qu'on cachoit autrefois ? On repond que les Myfteres étant affez con-
nuës, il feroit inutile de les diffimuler.
Ce qui eft bien certain, c'eft qu'on n'a
relevé les Myfteres de la R. C. qu'on
cachoit autrefois, que quand on a été
en état de les appuyer par la force.

Si dès le commencement Dieu avoit
dicté la R. C. comme elle étoit plus
proche de fon Origine, fes Myfteres
auroient été plus publics & plus connus ; & on les auroit publiés avec plus
de Confiance & de Liberté. N'eft-il
pas ridicule qu'on dife que le Peuple
d'aujourd'huy a befoin d'être foutenu
par la Magnificence ; que celui d'autre
fois étoit en état de s'en paffer ; & qu'au
contraire le Peuple de nos jours eft plus
en état de foutenir les Myfteres ? Pourquoi le Peuple qui s'eft accoutumé aux
Myfteres, ne s'eft pas accoutumé à la
modeftie des Pafteurs ? Si le Peuple
d'aujourd'huy eft en état de foutenir
un Dieu aneanti, un Dieu meprifé,
un Dieu dans un morceau de pain,
un Dieu expofé à toutes les injures les

plus

plus infâmes, Mrs. les Prélats ne craignez rien, il vous reconnoîtra sans peine quand vous n'irez pas en equipage de Princes. Voyez comme il se prosterne devant son Dieu qui court les rues entre les mains d'un pauvre Prêtre, qui marche en tout tems, en tous lieux & en toutes saisons. Il vous rendra les respects, qui vous sont dus, quand vous marcherez comme St. Pierre, puisque depuis tant de siécles il n'a pas méconnu son Dieu qui n'a pas changé d'Equipage.

On a beau dire ; le desordre des Pasteurs, leur ambition, leur molesse, leur lubricité, est une preuve parlante de la fausseté de la Religion, parce qu'il est certain qu'ils en doivent être mieux instruits que les autres hommes: Or s'ils en étoient bien persuadés, ils la pratiqueroient : ils ne la pratique point: Donc elle n'a pas de preuves qui persuadent.

9. La Religion a dû être déterminée dans le commencement, parcequ'elle étoit plus proche de sa source ; c'est pourquoi en matiére de Religion, on remarque qu'on renvoye toûjours à l'antiquité ; on permet bien de donner de nouvelles explications, mais avec cette

cette Regle, *cum dicas nove , non dicas nova* , cependant on ne peut douter que les Chrétiens d'aujourd'hui qu'on dit être plus imparfait, ne ſoient cependant meilleurs Théologiens & ne ſachent plus de Dogmes que les Anciens.

10. La morale d'aujourd'hui eſt bien differente de celle d'autrefois ; nos Livres de Piété ſont d'un goût tout autre; St. Paul qui s'eſt vanté d'avoir été ravi au 3 Ciel , & qui ne devoit pas ignorer les Regles des mœurs , ne vous a pas donné en XIV Epîtres , un ſeul Conſeil eſſentiel à la Vie ſpirituelle de nos jours : Quel eſt le Livre ancien qui ait recommandé aux fideles la frequentation des Sacremens ? Leur a-t-on apris les conditions d'une bonne Confeſſion , la préparation à la communion ? quel eſt au contraire le Livre de Piété de notre tems qui ne parle pas de toutes ces choſes ? Il n'y a rien dans toute l'antiquité qui vaille le Combat Spirituel , ou l'imitation de J. C. Voilà ce qu'on appelle des Livres de Piété : mais de bonne foy où en ſommes-nous? qu'elle eſt donc notre Regle ? la Religion change t-elle à chaque Siecle ?

11. Quel que tenebres qui nous environnent ici bas , & quoique nous ſachions
fort.

fort peu de chofes, il eft certain que
ce qui eft tenebreux , je veux dire ce
que nous ne concevons pas, n'a aucun
droit d'exiger nôtre confentement. Il
ne faut pas dire pourquoi niez vous
les Myfteres, puisqu'il y a tant de chofes dans la-nature qui font au deffus de
nôtre portée ? car de ce que je ne conçois pas les myfteres de la nature , il
ne s'enfuit pas qu'il doit y avoir des
myfteres d'un ordre furnaturel. Je vois
qu'il y a des Myfteres dans la nature ,
& je n'en fais pas l'explication ; mais
je les vois & je dois avoüer que ces
Myfteres exiftent : quoique j'ignore
comment il font executez , parce que
le fait & le corps, pour ainfi dire , que
ces Myfteres naturels font certains ;
mais je n'ai aucune raifon qui me porte
à croire qu'il y a des Myfteres dans
l'ordre de la grace & fur tout un tel
Myftere en particulier, comme la Trinité , l'incarnation, car non feulement
je ne conçois pas comment cela pourroit être : mais je n'ay rien qui me con-
vainque que cela eft.

12. Qu'il foit difficile de fe convaincre , ou de trouver la certitude de
la Revelation de certaines Veritez de
fpeculation , & qu'il ne foit pas néceffaire

faire pour le Salut, peu m'importe : mais la preuve des Verités essentielles à tous les hommes doit être claire & facile, ou il n'y en a point.

Si l'éclaircissement de la Religion est difficile, c'est une preuve de l'Esprit & de la subtilité des hommes, plutôt que de l'obéissance & de leur fidelité.

La certitude de la foy, dit l'Auteur de la *Recherche de la Verité*, (la Théologie le dit avec lui) depend de ce principe, qu'il y a un Dieu, qu'il n'est pas capable de nous tromper ; & que Dieu a revelé ce qu'il veut que nous croyions : Je ne doit donc rien croire avant que de savoir si Dieu a parlé. Il y auroit un pereil extrême à lui faire dire ce qu'il n'a pas dit, ainsi je ne dois croire que lorsque je ne pourrai plus douter que Dieu a parlé.

Ma Raison me fait connoître que Dieu n'a parlé aux hommes que pour suppléer à la foiblesse de leur connoissance qui ne suffiroit pas à leur besoin, & que tout ce qu'il ne leur a pas dit, est de telle nature qu'ils le peuvent aprendre d'eux mêmes, ou qu'il n'est pas necessaire qu'ils le sachent.

On ne se contente pas du vrai semblable en matière de science ; on veut
des

des demonftrations ; pourquoi s'en contenter en matiére de Religion; Defcartes ne veut croire que ce qu'il voit , & ce n'eft qu'en matiere de Religion , qu'il fe bouche les yeux , plaifant Raifonnement ! s'il faut fe boucher les yeux en matiére de Religion , laquelle embrafferai-je ? Toute fe vantent d'être la véritable , pour choifir il faut être convaincu par des preuves claires & évidentes : Si elles n'en ont point , il faudroit en chercher une qui en ait , fi je me bouche les yeux , comment le trouverai-je ?

CHAPITRE III.

De l'Ecriture Sainte.

1. LE Langage de Dieu doit être digne de iui. Les fadefes & les ridiculités dont l'Ecriture eft remplie , font bien voir qu'elle eft l'ouvrage des hommes. L'Ecriture doit être incorruptible pour être la Regle de nôtre foy; Elle devroit être écrite en un Langage qui pût être entendu de tous les hommes , parce que tous les hommes font indifpenfablement obligez de favoir ce que Dieu demande d'eux , &
que

que Dieu doit leur aprendre pour avoir droit de les punir, ou de les recompenfer ; Or l'Ecriture eft fujette à l'Erreur en tout fens , elle nous parle de Dieu d'une màniére ridicule , elle lui donne mille foibleffes ; elle le fait parler avec le Diable au Sujet de Job , elle eft fujettes aux fautes des Copiftes qui ont bouleverfé le fens de plufieurs Paffages ; l'Original hebreu eft plein d'Equivoques. Tel eft la Nature des Mots de cette langue fterile; Il y a non feulement des Paffages que les Interprêtres les plus reguliers & les plus orthodoxes conviennent avoir été corrompus ; mais il y en a même d'ajoutez ? Or fi un Paffage eft corrompu , qui m'affurera que l'autre ne l'eft pas ? Qui m'affurera que les Livres de l'Ecriture ont été dictez par le St. Efprit ? J. C. ne nous les a point laiffez , pas un Livre du Nouveau Teftament , n'a été commencé pendant fa Vie ? Mahomet au moins a fait l'Alcoran.

2. Les livres de l'Ecriture ont été , non feulement compofez par des hommes en divers tems : Mais ces particuliers ne fe font jamais vantés pendant leur vie que le S. Efprit les eut infpirez & leur eut dicté ce qu'ils s'avifoient

d'écrire

d'écrire. Quoi donc ! parce qu'il se fera un renversement dans l'imagination de St. Paul : parcequ'il s'avisera de se convertir, après la mort de J. C. lui qui ne s'étoit point rendu à ses prétendus miracle : Enfin parcequ'il s'est avisé d'écrire XIV. Epîtres à divers Peuples ; que dans la suite des siécles, ces Epîtres se seront conservées parmi ceux d'un même parti, comme une infinité d'utres livres des Anciens ; on m'obligera de reconnoître ces livres comme la parole de Dieu même & je passerai pour fou si je n'en crois rien ?

3. La Division des livres de l'Ecriture en Proto-Canoniques & Deutero-Canoniques, ne fait elle pas voir que c'est uniquement le caprice des hommes qui les a consacrez à leur gré ? Quoi donc ! Il ne dependra que des hommes de déclarer qu'un livre vient du Ciel ? encore ne fera ce qu'après que ce livre aura fait son noviciat sur la Terre pendant un certain tems.

Dans l'espace de plusieurs siécles, on n'aura regardé ce livre que comme un ouvrage ordinaire, & tout d'un coup parceque ce livre contiendra un passage propre pour être cité contre de nouveau prétendus heretiques, on canonisera

nonisera ce livre, & on le mettra au
rang des livres inspirez de Dieu ; ce qui
est arrivé à plusieurs livres de l'Ecriture, & entre autres aux deux derniers
livres des Machabées, parce qu'on en
prend quelque passage pour prouver le
Purgatoire. En verité il n'y a pas de
folie que les hommes ne soient en état
de diviniser : c'est un moyen de se
rendre maître de tout l'Univers que
d'avoir droit de se faire des Titres au
besoin.

4. Non-seulement J. C. devoit donner lui même les livres de l'Ecriture
Ste & les déterminer pendant sa vie,
mais encore il falloit qu'ils ne fussent
pas sujets aux fautes des Copistes &
qu'ils eussent quelque caractere qui les
distinguat ; autrement un Indien de
bon sens ne peut les regarder que
comme des livres ordinaires : un tel
miracle étoit plus nécessaire & plus
raisonnable que de ressusciter des
morts. Ces divers prodiges, s'ils sont
vrais, n'ont pû être utiles qu'aux hommes qui les ont vûs : Celui ci operoit
dans tous les Tems.

5. Les Auteurs des livres sacrez n'ont
point donné leurs ouvrages comme
infaillibles, en tout cas ils auroient

toujours été obligez de juſtifier leur
miſſion,& que c'étoit le St. Eſprit qui
les inſpiroit, mais bien loin d'avoir
cette pretention, ils nous ont laiſſé
leurs livres, comme des livres ordinaires & même comme des ouvrages
qu'ils écrivoient ou à certains Peuples,
ou à certains Particuliers : La diſette
des livres, le beſoin d'autorité, enfin
un motif humain les a diviniſez. St.
Luc écrit à Théophile & dit de bonne
foy que voyant tant de Perſonne qui
faiſoient des livres, il lui avoit pris
envie d'en faire un à ſon tour : *Quoniam
quidem multi conati ſunt ordinare nar-
rationem, viſum eſt mihi tibi ſcribere,
optime Theophile*; & bien loin de ſe
venter d'être inſpiré du St. Eſprit. Il
dit qu'il n'écrit rien qu'après s'être
bien informé de tout. Luc. Chap. 1.
vers. 1. & 2.

6. Pourquoi le langage de l'Ecriture
n'eſt-il point naturel? Pourquoi toujours des Allegories & des Myſteres ?
c'eſt dit-on que les Allegories & les
Paraboles ſont du goût & du ſtile des
Orientaux, l'Ecriture n'eſt donc pas
pour nous; elle n'eſt que pour eux ;
Le St. Eſprit n'eſt-il que d'Orient ?

7. L'Ecriture nous donne en quelques

ques endroits une belle Idée de Dieu :
l'Alcoran a de même ses Beautés : mais
aussi elle nous en donne souvent une
Idée bien peu digne de lui : Elle le fait
sujet à toute sorte de passions, sur tout
de ressentiment , de repentir , de vengeance , Dieu se repent d'avoir fait
l'homme , Dieu s'entretient avec le
Diable, dans le livre de Job : Il se donne
la Comedie ; il cherche Adam dans
le paradis terrestre. Il manque sur tout
souvent de prevoyance : Il fait , il de-
fait en bien des Endroits ; Il choisit Saül
& le rejette : que d'inconstance ! que
de légereté ! L'Histoire de Jonathas
n'est-elle pas ridicule ? Dieu n'est irité
que parceque ce fils malheureux , qui
ignoroit le vœu de son Pere , mangea
un peu du miel.

L'Ecriture est pleine de contradictions , parceque l'Esprit de l'homme
qui en est Auteur ne peut pas se sou-
tenir , & avoir tout présent. Elle fait
dire à Dieu dans un endroit qu'il ne
punit point les Enfans des Crimes des
Péres , & dans un autre , qu'il fera sen-
tir les Effets de sa vangeance jusqu'à je
ne sai quelle Generation.

8. Jamais on n'accordera la Genea-
logie que St. Matthieu fait de J. C. a-
vec

vec celle de St. Luc. Un Evangeliste dit
que J. C. est mort à trois heures, l'autre dit qu'il est mort à 6. Le Pére Mau-
duit dans sa dissertation sur l'Evangile,
dit que c'est ici une faute de Copiste.
Cette défaite est ce qu'on peut dire de
plus raisonnable sur cette difficulté :
Les Interpretes ne font aucune difficulté de reconnoître des fautes de copistes
dans l'Ecriture , sans prendre garde
qu'ils s'exposent à nous faire regarder
l'Ecriture comme tous les autres livres
sujets aux mémes inconvénians : Si les
copistes font tombez dans des fautes
sur des faits, qui m'empechera de croire qu'i's y font tombez aussi à l'egard
des Dogmes: & nôtre croyance dependra de l'imagination des Copistes , de
leur inattention ou de leur malice ?

Les Péres de l'Eglise ont senti toutes
ces difficultez ; Ils nous ont donné des
Explications bien ingenieuses de l'E-
criture. Mais enfin ils font convenus
qu'il falloit beaucoup de soumission &
d'humilité ; mais plus on a de respect
pour la Divinité plus on doit éviter de
s'exposer de prendre des fables des
hommes pour la Parole de Dieu.

9. Nous lisons dans l'ancien Testament que Dieu s'entretenoit avec les
Patriarches :

Patriarches : Il eſt même dit de Moïſe
qu'il parloit à Dieu : *ſicut ſolet amicus
loqui ad amicum , facie ad faciem &
non in ænigmate ;* cependant le nouveau Teſtament Act. des Apôt. Chap.
7. nous a détrompez & nous a apris
que ces Entretiens ne ſe faiſoient que
par le miniſtere des Anges : Le St.
Eſprit n'a donc pas dit vrai dans l'ancien Teſtament , ou il ment dans le
nouveau. Si les anciens n'ont jamais
parlé avec Dieu , ils en étoient donc
trompez ; car ils ſe flattoient fort de
parler à lui. L'Ecriture nous aprend
qu'Abraham lui a parlé pluſieurs fois ,
entre autre qu'étant agé de 99 ans Dieu
lui aparut pour la 6 fois & lui ordonna
la circonciſion , comme une marque
d'alliance entre eux , puiſqu'étant diſ-
parû , Abraham ſe fit circoncire ; cependant ils ne parloient qu'aux Anges
qui recevoient leurs adorations comme Dieu même.

10. Dieu eſt jaloux , dit l'Ecriture ;
je ne veux point ici critiquer cette ex-
preſſion : Mais je demande pourquoi
les Chretiens Catholiques attribuent
aux Sts. ou paroiſſent leur attribuer les
perfections de Dieu même , ſans parler
du Culte qu'ils leur rendent ? Ils leurs
addreſſent

addreſſent leurs priéres, comme ſi les
Sts pouvoient voir ce qui ſe paſſe dans
le cœur de l'homme ; ils n'ont pas
changé de nature pour être Sts. & Dieu
ne partage ſon immenſité avec Perſonne.

Les Catholiques regardent toujours
Dieu comme un Roy, on ne va pas
directement au Roy pour lui demander une Grace ; on tache de l'obtenir
par l'entremiſe de quelqu'un de ſes fa-
voris : Il falloit bien donner des favo-
ris à Dieu, pour leurs addreſſer les
graces qu'on vouloit demander & obtenir par leur interceſſion.

11. N'eſt il pas abſurde que les
moindres Théologiens de nos jours
parlent plus exactement en Matiére de
Religion, que l'Ecriture même ? C'eſt
une hereſie de dire ſimplement & ſans
diſtinction que J. C. eſt moins grand
que ſon Pére. C'eſt pourtant ainſi que
parle l'Ecriture. *Pater major me eſt.*
N'eſt-ce pas induire le Peuple en erreur
& les anciens n'avoient-ils pas raiſon
de ſoutenir ſur ce Paſſage que J. C. eſt
inferieur à Dieu le Pére. L'Ecriture eſt
pleine de façons de parler peu exactes
& fort oppoſées à la ſainte Théologie.

12. Il ne faut point être ſurpris ſi
l'Ecriture

l'Ecriture fait entretenir Dieu avec les hommes, puisqu'elle le fait caufer avec le Diable. Ces converfation font également oppofées à l'idée qu'on doit avoir de Dieu. Ne fe laffera-t'on jamais de regarder Dieu comme un Roy , comme un Pére , comme un Souverain ? Dieu ne s'entretient qu'avec lui même : Il habite dans une lumiere inacceffible , en nous formant il nous a donné tous les Organes qui doivent fervir à nos actions. Nous ne pouvons agir que par les Regles du mouvement , dont lui feul peut être l'Auteur. Qu'auroit il donc à nous dire dans fes Entretiens , quand même il ne repugneroit point à l'idée que nous avons de lui ? Rien n'eft plus abfurde que ce que nous dit l'Ecriture de J. C. qu'il fut tenté par le Diable qui l'emporta fur une haute montagne & lui promit de le mettre en poffeffion de tout , *fi cadens adoraveris*, *me* fi on lifoit une pareille ridiculité dans l'Alcoran, on fe mocqueroit des Turcs , & parmi les Chretiens c'eft la plus belle chofe du monde.

13. L'Ecriture nous dit d'un coté que Dieu nous damnera , fi nous n'obfervons ces commandemens & d'un

autre

autre côté, que nous ne pouvons rien
faire fans la grace, *fine me nihil potef-*
tis, non eft volentis, neque currentis fed
miferentis Dei. Peut-on concevoir que
Dieu nous puniffe de n'avoir point fait
ce que nous ne pouvons faire fans lui?

Quoi donc! Dieu nous dira d'un côté que nous ne pouvons rien fans fa.
grace, & d'un autre il nous maltraitera
quand nous n'aurons pas executé ce
que nous ne pouvons faire fans lui,
& il nous fera même des reproches tendres & nous dira qu'il n'a pas tenu à lui
qu'il ne nous ait donné tous les fecours
neceffaires! *Quid potui facere tibi vineæ*
mea & non feci? perditio tua ex te If-
raël? Que de contrarietez! que l'homme fe fait bien fentir dans toutes les invention! quand il veut nous faire voir
la puiffance de Dieu, & la dependance
où nous fommes de lui il nous dit que
nous ne pouvons rien faire fans un fecours fpecial de fa puiffante Bonté, &
lorfqu'il veut nous entretenir de la juftice de Dieu: il jette fur nous toute la
faute de nos malheurs.

14. Si Dieu a parlé aux hommes, ce
n'a été que pour leur apprendre ce
qu'ils ne pouvoient favoir par eux mêmes; ainfi l'Ecriture ne doit nous apprendre

prendre que ce qu'il eſt neceſſaire que nous ſachions poûr le ſalut & que nous ne pouvions deviner. Combien de choſes inutiles dans l'Ecriture ? Dire que Dieu parle pour nous apprendre l'hiſtoire de Job, de Judith, & bien d'autres que nous pouvions apprendre des Hiſtoriens, n'eſt-il pas ridicule de dire que Dieu ſe donne la peine de parler pour nous apprendre ces hiſtoires ?

15. La clarté eſt la principale qualité que doit avoir un Ecrit dont la fin tend à inſtruire, *ornari præcepta negant*, *concenta doceri*. Il eſt étonnant que l'Eſprit de l'homme ſoit obligé de ſuppléer dans l'Ecriture à l'Eſprit de Dieu ; qu'il en addouciſſe les façons de parler ; qu'il avouë qu'il ſe ſeroit mieux exprimé ; Je demande ſi expliquer l'Ecriture, n'eſt pas faire une injure atroce à Dieu ? S'il a parlé, il a ſans doute bien parlé & ſi l'Ecriture ne parle pas bien & ſi elle a un beſoin continuel d'explication, c'eſt qu'elle n'eſt pas la parole de Dieu ; & s'il me faut croire à l'explication que les hommes medonnent de l'Ecriture, ce n'eſt plus Dieu qui m'inſtruit, ce ſont les hommes.

16. L'Arc en Ciel, Dieu le donne, dit

dit l'Ecriture, comme un figne de Paix.
La belle chofe pour les juifs ignorans?
D'où vient dont l'Arc en Ciel à préfent
vû par des Scelerats fur la Terre, dans
la Mer, dans les Collines, & dans les
Deferts, où il n'eft fouvent vû de Perfonne?

17. Cajetan a remarqué qu'au 2 Livre des Rois Chap. 21. on lit Michol
au lieu de Merob, ainfi qu'on peut
voir au 1 Livre de la même hiftoire.
St. Matthieu Ch. 27. a été trompé
ayant écrit Jeremie au lieu de Zacha-
rie. St. Marc Ch. 1. affurant, que le
Texte qu'il rapporte eft écrit en Efaïe,
vû qu'il l'eft en Malachie; & quand il
écrit que J. C. fut crucifié à 3 heures,
vû qu'il fut jugé feulement à 6 heures
par Pilate felon St. Jean 19. St. Luc fe
trompe quand il dit que Caïnam fut
fils d'Arphaxad & Salé fils de Caïnam,
la Genefe dit que Salé eft fils d'Arphaxad, Chap. 10. & Salé fils de Caïnam & quand il dit Act. des Ap. Chapitre 7. que la Spelonque qu'Abraham
achèta étoit Sife en Sichem, vû qu'elle
étoit en Hebron & qu'il l'achèta des
Enfans d'Hemor fils de Sichem, non
pas d'Ephron Hetéen, comme l'écrit
Moife, & lorfqu'il dit au même Chap.
qu'Hemor

qu'Hemor étoit fils de Sichem, vû que la Genese porte tout le contraire & dit qu'Hemor étoit Pére de Sichem & non son fils.

CHAPITRE IV.

De Jesus Christ..

1. Jesus Christ étoit un homme comme Moïse : L'imagination vive des habitants de l'Asie & de l'Afrique contribue beaucoup à les porter à des Entousiasmes : c'est pourquoi Jerusalem a été si feconds en Prophetes. Quand on considere la conduite de J. C. Il n'est pas possible de se persuader qu'il ait été ce qu'on veut que nous croyons qu'il est. Il est venu, dit-on, pour nous instruire & pour nous sauver ; cependant il n'a fait ni l'un ni l'autre : Il ne nous a point instruit, il il n'a converti Personne. Il avoit XII Apôtres ; un d'eux le trahit ; & les autres l'ont abandonné quand un bras s'est saisi de sa Personne : la realité l'a emporté alors sur l'imagination.

2. En supposant, qu'il est possible que Dieu se fit homme pour instruire les hommes, on ne sauroit pardon-

E   ner

ner à Jefus Chlift de s'ètre fi mal ac-
quité de fon devoir. Il ne nous a effectivement rien apris que quelques fenti-
mens de Morale que les Payens avoient
enfeigné devant lui d'une maniere plus
perfuafive & plus nette. Il n'a enfeigné
aucun Dogme de Religion. Qu'on e-
xamine les principales Veritez de foy,
J. C. n'en a jamais dit un mot : jamais
il n'a prêché le Miracle de fa naiffance:
Il n'a jamais parlé de la Trinité, des
Sacremens, du Péché originel : Voilà
pourtant les 4 points fondamentaux de
la Religion Chretienne, qu'on parle
de bonne foy, il eft certain que J. C.
n'a pas inftruit les hommes, & que fon
voyage eft le plus chimerique de tous
les voyages, mème le plus inutile.

3. Mais les hommes veulent du merveilleux & du celefte : Dieu menage
donc bien les hommes, qu'il n'ofe leur
dire qui il eft. J. C. a été 30 Ans fur la
Terre fans jamais avoir ofé dire qui il
ètoit, Il ne s'eft enhardi que pendant
les trois dernieres Années de fa vie;
encore n'a-t-il jamais parlé clairement.
J. C. comme homme ètoit indifpenfablement obligé de dire qu'il ètoit Dieu,
autrement, il a trompé les hommes
pendant fa vie & furtout pendant 30
Ans

Ans qu'il eſt demeuré dans le ſilence ;
& il ètoit coupable ſeul de tous les Sa-
crileges qu'on faiſoit, en ne lui ren-
dant aucun des Devoirs dus à la Divinité & en le mépriſant quelques fois.
Quoi donc! Dieu vient ſur la Terre &
il n'y fait rien, il s'étoit pourtant fait
homme pour y faire quelque choſe,
il n'a laiſſé aux hommes aucun monu-
ment de ſa Venuë, aucuns Livres, aucune trace. Dois-je m'en rapporter à
quelques Perſonnes prevenuës qui ne
l'ont diviniſé & declaré Dieu qu'envi-
ron 400 ans après ſa mort dans le Concile de Nicée, dans l'an 325.

4. Ma raiſon qui me vient de Dieu,
me dit qu'il n'y en a qu'un, que ſa nature eſt infinie, qu'il ne ſauroit faire
qu'une Perſonne avec la divine, & on
me dit qu'il en fait trois: Or pour croire
que cela eſt, c'eſt bien le moins que je
demande que celui là, même qui m'a
donné cette raiſon, qui m'en fait voir
ſi clairement l'impoſſibilité, me diſe
& m'aſſure que cela eſt ; Il eſt venu ſur
la terre pour nous l'aprendre ; Il ne
nous l'a point apris ; Je ne dois donc
pas m'expoſer à tomber dans l'Idolatrie
ſur le raport de quelques hommes.

L'Evangile dit que J. C. a conſom-
E 2   mé

mé son Ouvrage avant de mourir; Il
n'y en a pas pourtant de plus imparfait.
1. Les hommes sont dans le même Etat
où ils étoient avant la venuë de ce pretendu Messie. 2. J. C. n'a determiné aucun point de nôtre foy ; & il devoit
au contraire les determiner tous, pour
avoir consommé son Ouvrage ; Car
la Religion Ch. n'a été dans sa perfection que plusieurs siécles après sa
mort: Or Dieu venant sur la Terre ex-
près pour nous l'enseigner, nous l'auroit enseignée, y auroit attaché un caractere incorruptible, & qui auroit été
à l'abri de toute dispute & critique des
hommes. Rien de tout cela l'Ecriture
est pleine d'allegories ; elle a besoin
d'interprétes & de commentateurs :
Non encore un coup, ce n'est pas là
l'ouvrage de Dieu. 3. Supposons encore
que Dieu eût voulu nous instruire par
les hommes, il les auroit inspirés ; au
contraire J. C. a laissé les Apôtres dans
des Erreurs grossieres, c'est un fait
constant dans l'Ecriture. Ils ont même
été sujets à l'Erreur, même après avoir
reçu le St. Esprit. St. Paul a convaincu
St. Pierre d'erreur, & pour le remarquer en passant, ils ont donc pû prêcher separement des Erreurs ; Or puis
qu'ils

qu'ils difputoient fur des faits de Religion, ils n'etoient dont point egale-
ment infpirez du St. Efprit. 4. Chaque
Concile Œconomique nous a apris
quelque Dogme nouveau; Donc J. C.
n'a pas achevé fon ouvrage. Non: tant
de contrarietez ne font pas l'Ouvrage
de Dieu.

5. Bien loin que J. C. ait été dans le
Temple lui même prêcher l'inutilité
des facrifice des Juifs, il a fait tout
comme les autres. La Sainte Vierge &
St. Jofeph ont offert avec lui des facrifices le jour de la Purification : Il alloit
dans le Temple les bonnes fêtes, pour
participer aux facrifices avec le refte du
Peuple. Dieu qui êtoit fur la Terre
pour inftruire les hommes, ne leur difoit rien & gardoit avec eux la même
conduite.

6. Qu'eft ce que J. C. felon la Religion Chretienne ? c'eft la feconde Perfonne de la Trinité qui a bien voulu fe
faire homme & s'humilier jufqu'à la
mort de la croix pour fatisfaire à la jufte colere de fon Pére, pour être le mediateur entre Dieu & l'homme, pour
effacer le péché de nôtre premier Pére,
& nous faire rendre à l'avenir un Culte
digne de lui, *quot verba, tot errores.*

7. Qu

1. On ne fauroit dire que J. C. ait bien voulu fe charger de nos pèchez pour fatisfaire à fon Pére, fans admettre en J. C. une volonté differente de celle de fon Pére: l'un eft l'offenfé, l'autre la victime : Il n'eft donc pas la mème nature, car la diverfité de volonté, eft une preuve de la diverfité d'Effence.

2. On ne peut s'empêcher de confiderer ici le Pére comme une Perfonne bien emportée, & le fils comme un Enfant de bon naturel qui fait tout pour l'appaifer: que de foiblefles! quel Perfonnage fait-on jouër à Dieu ?

3. Dieu n'auroit pu ordonner la mort de fon fils, fans ordonner le pèché des Juifs qui l'ont fait mourir. Qu'on eft heureux quand on peut voir toutes les confequences d'un Prince !

4. La Mediation fuppofe une foiblefse mutuelle entre les deux partis ; on ne peut donc dire que J. C. eft le le Mediateur entre Dieu & l'homme, fans admettre une imperfection, non feulement en nous, mais encore en Dieu ; & fans nous rendre égaux.

Les Chretiens oublient fouvent leurs Principes & n'en voyant pas toutes les confequences : J. C. ne nous a pas reconcilié

concilié avec son Pére, comme avec la premiere Personne de la Trinité : C'est avec Dieu qu'il nous a reconcilié : Il est mediateur entre Dieu & nous ; Or J. C. est aussi Dieu que son Pére : Donc il ne peut ètre Mediateur avec Dieu puisqu'il le seroit lui mème.

7. J. C. (dit l'Auteur de la Recherche de la verité L. 5. chap. 5. après plusieurs Péres de l'Eglise) connoissant parfaitement la Maladie & le desordre de la nature , y a remedié de la maniére la plus utile pour nous & la plus digne de lui qui se puisse concevoir. Que de Prejugez dans ces Paroles ! Dire que Dieu remedie au desordre de la nature , c'est à dire que Dieu avoit mal fait la nature. Un Ouvrier ne remedie à son Ouvrage que par une imperfection : S'il l'avoit bien fait tout d'un coup , il n'auroit rien à y remedier. D'ailleurs quelle est la reforme que J. C. a fait dans le monde ? Les hommes, quoiqu'on en dise, sont les mèmes qu'autrefois.

Les Philosophes payens nous ont enseigné une Morale pour le moins aussi pure que celle de J. C. *voyez les Offices de Ciceron.*

8. Il est opposé à l'idée de Dieu , & ridicule.

ridicule de dire qu'il puisse être appaisé par les Sacrifices. Dans le sacrifice rien ne perit aux yeux de Dieu. Les hommes jugent toujours de Dieu par eux mèmes : quand ils sont offensés ils sont satisfait par la vengeance qui affoiblit & qui detruit quelquefois leurs Ennemis. Or croyant offenser Dieu & ne voulant le venger que foiblement sur eux mèmes, ils ont cru devoir lui sacrifier des Animaux en leur place. Mais Dieu demande la conservation & non la destruction de son Ouvrage. Le Sacrifice de J. C. a d'ailleurs quelque chose de plus indigne de Dieu & de plus opposés à tous ses attributs que les Sacrifices des Payens.

Les hommes lui font jouer la Comedie pendant plus de 4000 ans ; ils lui font demander des Sacrifices des Animaux ; ils lui font dire ensuite que ces Sarifices sont très inutiles, & qu'il ne veut que le Sacrifice de son fils. Il n'en avoit rien dit dans l'ancienne Loy ; les Apôtres le publierent dans la nouvelle ; Le beau secret pour ecarter de l'Esprit du Peuple le mépris qu'il fait ordinairement d'un Supplicié.

Le Sacrifice de la Croix est encore une veritable Comedie. J. C. a souffert

comme

comme un homme, *Paſſus eſt ſub Pon-*
tio Pilato. Il eſt mort comme homme;
Or il eſt de foy que dez l'inſtant de
l'union de l'humanité avec le verbe „
J. C. étoit ſouverainement heureux.
Tous les Péres nous apprennent qu'il
falloit un effort tout puiſſant pour empécher la gloire de J. C. de rejaillir ſur
le Temple, & que bien loin que la
transfiguration ſoit miraculeuſe , elle
n'eſt, au contraire , qu'une ceſſation
de Miracles. Comment J. C. a - t - il
donc pu ſouffrir ſur la Croix ? S'il n'a
pas ſouffert , comment ſommes nous
rachetez ? Si on repond que ce n'eſt
que par Metaphore , qu'il eſt dit que
J. C. a ſouffert , comme ce n'eſt que
par figure que l'Ecriture dit que Dieu
ſe repent ; On verra que toute la Religion Chretienne n'a rien de réel, qu'elle eſt toute Métaphorique & ne conſiſte
par conſequent que dans l'imagination
de ſes Sectateurs.

9. On fait faire à Dieu tout ce qu'il
peut pour nous ſauver, *Quid potui face-*
re &c. on le fait incarner, on le fait ſouffrir : helas ! s'il avoit voulu nous ſerions
tous ſauvez , car la volonté de Dieu
ne ſauroit ètre inefficace. Dieu ne veut
pas nous ſauver , ou il joue la Comedie.

die ; les Théologiens ne refoudront
cette difficulté que par des Paroles.

Si J. C. fe fut montré au Peuple Juif
après fa pretendue refurrection, toutes conteftations ètoient finies : On ne
peut concevoir que J. C. ait demeuré
plus de 70 Jours fur la Terre après fa
refurrection & qu'il ait evité le Peuple : Il n'étoit venu fur la Terre que
pour inftruire les Hommes & pour
leur aprendre fa Divinité : rien n'ètoit
plus aifé, il n'avoit qu'à fe montrer
au Peuple qui l'auroit fans doute bien
reconnu. N'eft-il pas ridicule de dire
qu'il ait ordonné à fes Apôtres de prècher la refurrection & qu'ils en ètoient
les Témoins ; que ne fe montroit-il ?
c'étoit le Peuple qu'il falloit pour témoins : cela feul l'auroit convaincu
de fa Divinité. Quelle Comedie dans
la vie, dans la mort, dans la refurrection & dans l'afcenfion de J. C. Il
falloit qu'il mourut pour reffufciter.
Il ètoit venu pour s'en aller. Si J. C.
eft venu pour fe faire connoître, pourquoi ne l'a-t-il pas fait ? S'il n'eft pas
venu pour fe manifefter, pourquoi
eft-il venu ? Qu'eft-ce que 3 ans d'inftruction ? encore quelle inftruction ?

Les hommes font fujets à faire jouer
ces

ces plaifantes Comedies à Dieu : Ils
font mourir la vierge par forme & la
font reffufciter quelques momens
après : Ils la font monter au Ciel :
mais il falloit la formalité de mourir.

10. La douleur peut elle honorer Dieu
plus que le plaifir ? Pourquoi veut-on
que les douleurs de J. C. aient honoré Dieu ? Dieu n'eft-il pas également
l'auteur du plaifir comme de la douleur ? L'Envie, le penchant qu'ont les
hommes de fe reproduire, fait que
jugeant de Dieu toujours par eux-mè-
mes, ils ont admis Dieu le fils, & fe
font même flattez qu'il les a fait à fon
image & reffemblance.

11. Pourquoi les Apôtres ont-ils
attendu l'afcenfion & la pentecôte
pour prècher la refurrection de J. C.
Il falloit la prècher quand on pouvoit
dire la voilà. J. C. a tout fait pour
embrouiller, il a negligé les voyes
les plus fimples. Les Propheties, dit-
on, avoient predit qu'il naitroit d'u-
ne Vierge, il eft né d'une Vierge, dit-
on, encore : mais qui pourroit le deviner ? Elle avoit un Mari ; Il eft étonnant que les Péres difent ferieufement
que cela s'eft fait ainfi pour tromper
le Diable ; Or fi le Diable même qui a
tant

tant de pouvoir ne pouvoit deviner
que J. C. étoit le Meſſie , comment
veut-on que les Juifs ayent pû le deviner ? Les Propheties étoient donc bien
obſcures , puiſque le Diable n'y en-
tendoit goute.

J. C. ètoit venu pour inſtruire une
infinie poſterité ſans parler de la mul-
titude qui vivoit de ſon tems. Il ne l'a
pas fait ; car que nous a-t-il laiſſé pour
nous inſtruire ? Une Egliſe , c'eſt-à-
dire des hommes comme nous qui n'é-
toient alors qu'un très petit nombre de
perſonnes très deraiſonnables. Voilà
la maniere humaine avec laquelle J.C.
& les Apôtres ont commencé à intro-
duire une Religion nouvelle qu'ils ont
tirée de l'ancienne. *Non veni ſolvere,
ſed adimplere*, & cependant quoique
tout fut conſommé à la mort de J. C
& la Sinagogue à tous les Diables
néanmoins tous les Apôtres & les pre
miers Chretiens alloient dans le Temple prier Dieu comme les Juifs. *Petrus
autem & Joannes accedebant ad Tem-
plum ad horam orationis nonam.* Aĉ
chap. 3. v. 1. & quand ils préchoient,
ils diſoient encore, *Deus Abraham,
Deus Iſaac, Deus Jacob. v.* 13.

12. On nous dit que la Loi de Moïſe
eſt

est une Loi de Severité, & la Loi nouvelle une Loi de Charité, l'exemple
d'Ananie & de Saphire prouve le contraire, je pardonne à St. Pierre la mort
d'Ananie, mais lorsque trois heures
après Saphire vient, pourquoi St. Pierre lui demanda-t-il, *Dic mihi mulier,*
si tanti agrum vendidisti ? ne le savoit-
il pas ? l'Exemple d'Ananie ne suffi-
soit-il pas ? faut-il tuer dans la Loi de
Charité ? Il devoit lui dire au contraire charitablement, ma bonne Dame
ne me mentez pas, Dieu vient de punir vôtre Mari. Act. chap. 5. &c.

CHAPITRE V.

De l'Eglise & des Conciles.

1. L'Eglise n'est autre chose qu'une
Société d'hommes ; Il y a autant
d'Eglises que de Religions differentes.
Si vous voulez que je regarde l'Eglise
Chretienne comme la veritable, je
vous demande quel caractere, elle a,
pour exiger de moi un tel consente-
ment ?

Si l'Eglise Chretienne se pretend infaillible, sans avoir une connoissance
infinie ; mais bien loin que l'Eglise ait

F   une

une telle connoiſſance , on remarque mille contradictions dans ſes
Decrets; Il y a des Bulles d'excom-
munication contre ceux qui diſoient
qu'il y avoit des Antipodes ; on ſe
retranche & on dit que l'Egliſe n'eſt
pas infaillible dans le fait ; mais ſeulement dans le droit. Mais on voit
que cette diſtinction vient de la foibleſſe de l'Egliſe ; on la veut faillible
dans le fait, parcequ'il ſeroit facile
alors de la convaincre de fauſſeté : les
faits ſe prouvent au lieu que dans le
droit , chacun a ſon Opinion.

L'Egliſe devroit être infaillible dans
le fait parceque le droit eſt ici lié avec
le fait. C'eſt un fait que J. C. ſoit venu ; c'eſt un fait que le St. Eſprit ſoit
deſcendu. C'eſt un fait qu'il ait dicté
14 Epîtres à St. Paul. C'eſt un fait ni
plus ni moins que tant d'Evangeliſtes
qu'il y avoit au commencement , le
St. Eſprit n'en ait inſpiré que 4. Or ſi
l'Egliſe eſt faillible dans le fait, j'ai
donc raiſon de douter qu'il y ait une
écriture & un J. C. &c. L'Egliſe n'a
point de Caractere ſenſible qui la diſ-
tingue des autres Aſſemblées. Ce Caractere êtoit neceſſaire. Les hommes
ne ſont-ils pas également l'Ouvrage de
Dieu ?

Dieu ? Quelle vanité, ou plutôt quelle folie de croire qu'il aime plus ceux-
ci que ceux-là ? on ne peut s'empêcher selon ce beau Système, de ce
representer Dieu, comme ces méres
aveugles qui ont une predilection de-
raisonnable pour quelques - uns de
leurs Enfans.

2. Quel Amour propre de croire que
Dieu nous a choisi pour être son Peuple particulier ! Est-ce que les autres
Peuples n'ont pas le même rapport
avec lui ? Le choix qu'on pretend que
Dieu fit de la famille d'Abraham pour
composer seul le Peuple Juif, est encore un etrange effet de l'amour propre de ce Peuple. Tous les commencemens de Monarchie ont toujours
quelque chose de merveilleux & le
Ciel s'en mêle toujours.

Plusieurs Corps de l'Eglise Romaine
s'accusent reciproquement d'avoir une
Doctrine corrompuë & heretique :
Tous ne conviennent pas, où reside
l'autorité de declarer & d'exposer la
Doctrine, si c'est dans le Pape, ou dans
le Concile general ? Si ce n'est ni dans
l'un ni dans l'autre considerez à part,
ni dans tous les deux ensemble ? quand
tout cela seroit certain que d'embarras

F 2   n'y

n'y trouveroit-on point? L'Eglife Ch. pretend à la gloire d'être Catholique c'eft-à-dire univerfelle: Elle n'eft pourtant qu'une ttès petite affemblée par rapport à tous ceux qui font hors de fon fein & J. C. l'a appellée *Pufillus Grex*.

Un Indien de bonne foy arrive en Europe, il éleve fa voix , & demande , qui m'affurera de la Revelation divine, qui de vous fe pretend infaillible? L'Eglife Romaine paroît; c'eft moi dit-elle, qui fuis infaillible, l'Indien s'apprête à l'écouter; mais auparavant il lui demande quelle preuve me donnez vous de l'infaillibilité dont vous vous flattés? C'eft l'Ecriture reprend l'Eglife : mais qu'eft-ce que l'Ecriture demande l'Indien? C'eft un Livre infpiré de Dieu, repond l'Eglife. A quelle marque la connoîtrai-je replique encore l'Indien? C'eft moi qui vous en affure, ajoute encore l'Eglife; Si l'Indien eft d'auffi bon fens que de bonne foi , a-t-il encore quelque chofe à demander ?

3. Les Erreurs ne fe reforment pas tout d'un coup: auffi l'Eglife ne s'eft établie que peu à peu , & les Myfteres n'etoient pas autrefois en un auffi

grand.

grand nombre qu'aujourd'hui. Dieu n'auroit pas gardé cette conduite, s'il avoit revelé une Doctrine. Le progrez de l'Eglise est tout humain. On a commencé par seduire le Peuple, dans un tems où il n'y avoit point d'impression, où l'imagination seul regnoit, où les visions les plus extravagantes trouvoient des sectateurs. La diversitez d'Opinions étoit du Gout du siécle. On a d'abord imposé par un exterieur desinteressé, & par une Doctrine qui tient du merveilleux. Bien loin que ce Peuple n'embrasse pas une Religion contraire aux sens, elle est de son goût en ce point même. Elle n'auroit rien de merveilleux, si elle ne revoltoit le sens de quelque maniere qu'on s'y prenne, il faut du merveilleux au Peuple soit en favorisant les sens, soit en ne les favorisant point. Il aime ce qui lui paroît au dessus de lui, & croit qu'on l'eleve, quand on lui dit ce qu'il ne sent pas. Il est vrai qu'on lui offroit un crucifié : mais on lui disoit que ce crucifié avoit fait des Miracles, qu'il étoit ressuscité, monté aux Cieux, qu'il étoit Dieu, que ce n'étoit que pour eux qu'il étoit reduit à cet état deplorable. C'est ainsi qu'on s'est attiré la

compassion

compaffion & la credulité du Peuple
incapable de reflexion & d'examen :
Les Predicateurs parloient avec Zéle :
La mort qu'ils souffroient avec conf-
tance, excitoit la Pitié & la Confiance
du Peuple ; le culte qu'on rendoit aux
Martirs, flatoit fa vanité. Quelques
Perfonnes d'Efprit ont embraffé cette
Religion dans la fuite, ou par inconf-
tance ou par fingularité, ou par certain envie de briller dans un nouveau
parti ; ou enfin parce qu'ils fentoient
le ridicule de leur Religion naturelle.
Souvent la peur d'un mal nous fait
tomber dans une pire : mais lorfque
quelques circonftances particulieres,
comme par l'envie de gagner une bataille les Rois ont promis d'embraffer
la R. C. lorfque cette promeffe a reveil-
lé leur ardeur dans le Combat, que les
foldats ont été animés par leur exemple ; & que les Ennemis furpris d'une
nouvelle vigueur ont été vaincus, enfin quand les Rois fe font faits Chretiens, leurs Peuples les ont fuivis avec
empreffement: C'eft alors que l'Eglife
eft devenue puiffante, & a abandonné
infenfiblement cet exterieur pauvre,
qu'elle confervoit avec le Peuple. Ses
Chefs ont cru devoir vivre comme des
                              Rois,

Rois, qui en embraffant leur Doctrine
fe foumettent à leur Caprice. Enfin
l'Eglife a tant fait qu'elle s'eft empa-
rée de Rome & fe flatte d'avoir droit
de commander à l'univers.

4. Il n'y a rien dont l'imagination
échauffée ne foit capable. Les Sorciers croyent aller veritablement au
Sabat. St. Paul renverfé par hazard de
fon Cheval crut ouir la voix de J. C.
qui lui demandoit raifon de la perfe-
cution qu'il faifoit à fes Difciples : La
peur lui fit entendre ce qu'il n'enten-
doit pas & de Perfecuteur il devint
Apôtre & prêcha peut-être l'Evangile de bonne foi. Son imagination
échauffée lui fit croire dans la fuite
qu'il étoit élevé au 3. Ciel : Il fe flatte
même que J. C. en Perfonne l'a inftruit, il s'en vantoit parmi ceux de
fon Parti qui le regardoient comme
un des principaux Chef. Ainfi celui
qui pendant la vie de J. C. n'avoit jamais eu la curiofité d'approfondir un
feul de fes pretendus Miracles, eft
tout d'un coup converti par fa chûte ;
il change en prodige la honte d'être
mauvais Ecuyer.

5. Il n'y a point encore eu de ridiculité qui n'ait eu des fectateurs, ce qui
doit

doit humilier ceux que l'Aprobation des hommes flatte. La Religion des Payens couvroit autrefois la face de la Terre; Elle se conserve encore dans les vastes Regions de l'Orient. Donnez moi une douzaine de Personne à qui je puisse persuader que ce n'est pas le soleil qui fait le jour je ne desespere pas que des Nations entiéres n'embrassent cette opinion. Quelque ridicule que soit une pensée, il ne faut que trouver le moyen de la maintenir quelque tems: La voilà qui devient ancienne, elle est sufisament prouvée.

Il y avoit sur le Parnasse, un trou d'où sortoit une exhalaison qui faisoit danser les chêvres, & qui montoit à la tète: quelqu'un qui en fut entèté, se mit à parler sans savoir ce qu'il disoit; & dit par hazard quelque Verité. Aussitôt il faut qu'il y ait quelque chose de divin dans cette exhalaison: Elle contient la science de l'avenir: on commence à ne s'approcher plus du trou qu'avec respect: Les ceremonies se forment peu à peu: Ainsi nacquit l'Oracle de Delphes; & comme il devoit son origine à une exhalaison qui entêtoit, il falloit absolument que la Pithie entrât en fureur pour prophetiser. Qu'il y ait

y ait une fois un Oracle d'etabli, il va
bientôt s'en etablir mille. Si les Dieux
parlent bien là, pourquoi ne parleront-
ils pas ici? Le Peuple frappé du merveilleux de la chofe & avide de l'Utilité qu'il en efpere, ne demande qu'à
voir naître des Oracles en tous lieux,
& puis l'ancienneté furvient qui leur
fait tous les biens du monde. Ajoutés
à tout cela que dans le tems de la premiere inftitution & des Dieux & des
Oracles, l'ignorance ètoit beaucoup
plus grande, qu'elle ne le fût dans la
fuite. La Philofophie n'etoit pas encore née, & les fuperftitions les plus extravagantes n'avoient aucune contradiction à effuyer de fa part. Il eft vrai
que ce qu'on appelle le Peuple n'eft jamais fort éclairé.

6. L'Eglife eft entierement Maitreffe
de la foy, & ne fe foumet qu'en apparence à l'Ecriture: l'Eglife ayant ajouté, diminué, comme il lui a plû au
Culte ancien elle s'eft avifée d'un expedient par lequel elle peut foutenir ce
qu'elle a fait fans choquer l'autorité de
l'Eglife, qui eft d'enfeigner en même
tems que c'eft à l'Eglife d'interprêter
l'Ecriture: Ainfi l'Ecriture ne peut dire que ce qui plaira à l'Eglife de lui
faire.

faire dire & l'Ecriture n'a qu'un vain Titre d'honneur, tandis que l'Eglise a le souverain pouvoir & l'independance absoluë. Ce n'est pas seulement aux Chretiens à lire & à examiner l'Ecriture, l'Eglise la lira & l'examinera pour eux, & leur dira que ce qu'elle enseigne est tiré de l'Ecriture; & c'est à vous à le croire, si non vous êtes damné : bel expedient dont l'Eglise se sert pour vous faire suivre ce qu'elle enseigne. Ainsi elle ne peut être jugée que par l'Ecriture interpretée par elle même, une personne se soumet à une Loi : mais elle ne veut qu'aucune autre Personne qu'elle même puisse interprêter, examiner, lire mème cette Loi.

7. Que les Riches étoient malheureux dans les commencemens de l'Eglise, & selon l'Evangile! Qu'ils sont heureux aujourd'hui, selon la Pratique de l'Eglise ! car enfin qu'un Riche meure, toute l'Eglise prie pour lui & prend ses habits de Deuil : les Prêtres s'enrument à force de crier : les Cierges ne sont pas épargnez, Messes par tout; & le tout pour de l'argent.

Et comme si le Sacrifice de J. C. ne suffisoit pas une fois, on le renouvelle de millier de fois, qu'un Pauvre meure une

une miserable croix de bois fait toute
sa Pompe funèbre ; on le jette dans
quelque recoin du Cimetiére, pas seulement la moindre priére pour son
Ame : Il n'a point, d'argent pour en
acheter : c'est tout dire Prendre de l'argent pour prier pour les morts, & tirer
un grand revenu d'une Erreur, c'est
une imposture impie & une Imposition
sacrilege qu'on met sur le Peuple ignorant & aveugle.

8. Les Conciles sont une preuve de
la fausseté de la Religion. Car qu'est ce
qu'un Concile ? C'est une assemblée
d'hommes qui après avoir bien dispu-
té, conviennent entre eux qu'ils pro-
poseront au reste des hommes une telle, ou telle proposition comme une
verité que Dieu a revelée. Il depend
donc uniquement de la fantaisie des
hommes de declarer quelles sont les
Propositions revelées. Sommes nous
raisonnables de donner aux hommes,
une telle autorité sur nôtre raison? Non
puisque la Religion Ch. devoit être
certaine en tous les points, tout devoit
être determiné par le Messie : le contraire est une preuve de la foiblesse de
l'homme, qui ne sauroit tout prévoir.
Si le St. Esprit presidoit aux Conciles,
comme

comme on le pretend, on n'y verroît pas tant de brigues, ni tant de difputes, ils ne dureroient pas fi long-tems.

Pourquoi le Saint Efprit fera-t-il plus dans un Concile general, que dans un Concile national? Eft-ce qu'une nation ne l'intereffe pas affez ? combien faut-il donc de Perfonnes pour l'intereffer ? D'où vient donc que J. C. a dit, *où feront deux ou trois* &c.

Les anciens Conciles ne valoient point une de nos affemblées du Clergé; cependant ils ètoient infaillibles, & celles-ci ne le font pas.

Puifque Dieu agit toujours par les voyes les plus fimples, pourquoi lui fait on chercher tant de Myfteres ? il prend la peine de s'incarner & ne nous aprend rien, Il eft avec fes Apôtres & les laiffe auffi bêtes qu'auparavant; des Conciles c'eft à dire des hommes nous inftruifent de ce que nous devons croire après avoir bien difputé entre eux, avant que de pouvoir convenir de quelque chofe: Souvent mème par menagement, ils s'expliquent d'une manière équivoque qui donne gain de caufe aux deux Parties. Eft-ce ainfi que Dieu parle ?

L'infpiration ou l'affiftance du St. Efprit

Efprit dans l'Eglife, eft une pure imagination. Si le St. Efprit infpiroit l'E-
glife, elle n'auroit jamais excommunié
ceux qui foutenoient qu'il y avoit des
Antipodes ; on ne verroit pas tant de
Bulles contraires les unes aux autres ;
on n'auroit jamais vû deux Papes s'ex-
comunier reciproquement ; & ce qu'il
y a de plus plaifant, des Saints des deux
partis de ces deux Papes, on ne difpu-
teroit pas dans les Conciles avec tant
de chaleur & d'opiniatreté, fi on n'y
faifoit rien que par l'infpiration du St.
Efprit. Enfin on ne remarqueroit pas
dans l'Eglife, toutes les mèmes foibleffes, qu'on obferve dans toute autre
fecte que ce foit.

10. C'eft l'orgueil des Savans qui
a introduit dans l'Eglife tant de quef-
tions nouvelles & épineufes, & qui a
obligé le Peuple à recevoir leurs fen-
timens, comme des revélations anciennes, quoiqu'on n'en remarque aucune dans l'Antiquité. C'eft la Cupi-
dité & l'Ambition de quelques autres
qui ont introduit les Dogmes qui fa-
vorifoient leurs interèts temporels. La
Cour de Rome infpire du refpect pour
les indulgences & pour les difpenfes
qu'on ceffe de les acheter, on vous en-

G   feignera

seignera que Dieu n'exempte perſonne
de ſa Loi, & de celle que le St. Eſprit
a dictée à ſon Egliſe.

CHAPITRE VI.

Des Péres de l'Egliſe & des Martyrs.

1. **L**A Poſterité conſacre les Mo-
numens de l'Antiquité & nous
avons naturellement du reſpect pour
ce qui a été ſi long-tems avant nous.

Que d'habiles Gens qui ont écrit de
nos jours avec plus d'erudition, d'élo-
quence, de juſteſſe d'Eſprit, de force
& de preciſion, que les Auguſtins &
les Jerômes? néanmoins qu'on mette,
dans la balance du Vulgaire, le nom
d'Auguſtin d'un côté, & ceux de quelques modernes ; combien en faudroit-
il pour l'enlever?

Les Péres cependant ètoient des
hommes comme les autres, leurs écrits
ſont remplis d'erreurs ; à parler mème
en Chretien, il n'y en a pas un qui ne
ſoit tombé dans quelque Opinion er-
ronnée. St. Cyprien a ſoutenu que le
Batème des heretiques ètoit inutile ;
St. Jerôme & St. Auguſtin ont eu de
cruelles

cruelles difputes fur les faits de Religion.

Les plus anciens Péres de l'Eglife
étoient des Apoftats de la Religion de
leurs ancètres : ils ont introduit dans
la R. C. les erreurs de leur Philofophie
& la plûpart des coutumes du Paganifme, un renverfement d'imagination dans un tems plein de fectes, où
l'on faifoit gloire de donner dans les
Partis, a été la Grace efficace de leur
converfion.

2. Les Peres de l'Eglife n'ont point
parlé avec exactitude & juftefle d'Efprit:
ils fe font toujours fervis d'un flile ora-
toire & allegorique ; l'Allegorie plait
au Peuple, elle l'amufe & attire fon
admiration : On fuit toujours le goût
& le genie de fon Siecle. Lorfque l'allegorie ètoit à la mode, tout le monde
alegorifloit : mais encore un coup,
l'allegorie n'eft qu'une figure d'imagination qui ne prouve rien.

Le vulgaire qui a naturellement du
refpect pour l'Antiquité, regarde les
anciens Peres comme des hommes extraordinaire qui avoient commerce
avec le St. Efprit, comme il croit que
les Patriarches s'entretenoit avec Dieu.
Le Peuple n'a pas en cela, affez bonne

G 2   opinion

opinion de lui même il ne fait pas qu'il
n'y a point en Dieu d'acception de perfonne, (comme par l'Ecriture.) Tous
les hommes lui font également chers.
Il est nôtre Pere commun. Il ne s'est
pas plus entretenu avec les anciens,
qu'il s'entretient avec nous. L'Ecriture
ne nous dit pas des Anges ce que les
Peres nous en difent, fur tout Denis
dans fa Hierarchie. Où a-t-il pris tant
de belles chofes.

L'imagination échaufée est la caufe du Martire, pour en convenir, il
n'y a qu'à faire attention qu'il n'y a
point eu encore de Religion qui n'ait
eu fes Martirs. Les Chefs de Religion
ont peri la plûpart d'une mort vio-
lente. Toutes les herefies ont eu leur
Saint qui ont fouffert la mort pour les
defendre : Ceux que nous appellons
Fanatiques dans les Cevennes paffent
pour des Martirs en Hollande & en Angleterre. On leur écrit des Lettres tou-
chantes pour les animer à perfeverer
dans la foi. Chacun juge des chofes felon la fituation où il fe trouve & felon fes préjugez. La plûpart de ceux
qui vont au Japon foufrir le Martir,
ne font pas en état de repondre à une
difficulté que leur propoferoit un In-

dien de bon fens : Ils meurent pourtant
pour foutenir leur Religion, ce qui
fait voir que c'eſt l'enthouſiaſme &
non la raiſon qui les guide.

A force d'entendre dire, ou de vouloir perſuader quelque choſe, on la
croit foi même. fur tout quand on eſt
né avec une forte Imagination, telle
que l'ont ceux du Païs des Anciens
Chretiens. Enfin la conduite des autres
n'eſt pas une regle pour nous. Si les
Martirs ſont morts, ils avoient leur
raiſon : je mourrai comme eux, ſi
j'étois perſuadé : mais parce que je ne
conçois pas le motif de leur Martire ;
& que l'imagination ſeule peut en être
la cauſe : que d'ailleurs cette preuve eſt
équivoque puiſque je vois de Martirs
dans toutes les Religions, je ne con-
clurai pas que la R. C. eſt veritable à
cauſe de ſes Martirs. Les Péres de l'E-
gliſe diſoient que c'étoit la cauſe &
non le Suplice qui faiſoit le Martire ;
& c'eſt un Axiome de Religion que
Cauſa martirem facit, non pœna. Ainſi
quand on conclu que la R. C. eſt véritable par ce qu'elle a eu des Martirs
on ſuppoſe ce qui eſt en queſtion.

Puiſque nous ſavons que les premiers
Chretiens n'étoient dans leur Religion,

G 3   que

que par entousiasme & puisqu'il y a des Martirs dans toutes les Religions même les plus extravagantes, comme dans les Indes : même de nos jours , dans la Religion reformée chassée de France , il fait trouver un caractere particulier qui puisse distinguer les vrais Martirs d'avec les faux.

5. Bien loin que les Martirs soient une preuve de la véritable Religion; au contraire ils sont autant de témoins de la fausse : Car il est injurieux à Dieu de dire qu'il livre au dernier supplice ceux qui croyent à ce qu'il a revelé. D'ailleurs les Martirs font connoitre que la Religion étoit mal établie, & la revelation peu constante puisqu'il y avoit dans le même tems des hommes de bonne foy qui croyoient, dit l'Evangile, rendre un grand service à Dieu , en tuant des scelerats , des imposteurs . des perturbateurs du repos public , lorsqu'ils faisoient mourir les Martirs.

CHAPITRE VII.
Des Prophétes & des Prophéties.

1. L'Avenir est entiérement caché aux hommes , parceque n'étant point encore par rapport à eux , il ne

peut

peut penetrer dans leur Esprit par aucun sens ; & que d'ailleurs ce qui n'est
pas n'ayant aucune proprieté, les hommes ne le peuvent savoir que par la
revelation de celui par qui tout existe.
Non-seulement les hommes ignorent
l'avenir, mais il est encore entiérement caché à tout Esprit créé & cela
par la même raison. Ainsi on se trompe quand on croit que le Diable a revelé l'avenir aux Payens, & qu'il ins-
pire encore aujourd'hui ceux qu'on appelle sorciers. Rien de tout cela ne peut
être. Ce ne sont que des phantômes de
l'aveugle imagination des hommes.

Les Juifs avoient donc raison quand
ils defioient les Payens de leur declarer
l'avenir: mais voyons s'il y a eu parmi
les Juifs des hommes qui ayent eu cette connoissance.

D'abord j'observe une grande confusion, un grand embarras, des equivoques, & des allegories éternelles
dans toutes les Prophéties ; & il est sur-
prenant que nos Théologiens d'aujour-
d'hui disputent encore du sens qu'on
doit leur donner. Oui: le sens des Propheties les plus claires n'est point encore determiné, ni parmi les Juifs, ni
parmi les Chretiens comme je le vais
bien-tôt

bien-tôt remarquer ; Où est-donc le
merveilleux des Prophéties , fi elles
font pleines d'obfcurité. Quel eft donc
le caractere qui les diftingue des oracles des Payens & des Prophéties des
autres Peuples? Car enfin il y a des
Prophéties par tout , les hommes ont
toujours aimé le merveilleux : plus ils
fentent leur foibleffe , plus ils veulent
en fortir par des Prodiges : Enfin les
Prophéties pour faire quelque impreffion fur des Efprits fains & exempts de
prejugez doivent être claires & debar-
raflées de tout équivoque.

2. Si les Prophéties avoient été claires , les Juifs qui en étoient les depo-
fitaires, fe feroient fans doute conver-
tis , quand ils en auroient vû l'accom-
pliffement. Les Prophétes, dit-on, paroiffent être les Evangeliftes de J. C.
Les Juifs meditent éternellement fur
ces Prophéties: Ce Jefus Chrift fi clairement annoncé arrive parmi eux , il
y demeure trente trois ans & les Juifs
ne le connoiffent pas : Ils foutiennent
même que ce n'eft pas de lui,que leurs
Prophétes ont voulu parler. Qui font
donc les hommes qui doivent fe rendre aux Prophéties, fi non ceux qui
parlent & qui entendent la langue naturelle

turelle en laquelle elles ont été écrites,
& qui en ont toujours été les depofi-
taires ? Eft-ce donc l'Eglife Chretienne
qui doit en determiner le fens ? Elle eft
donc juge en fa propre caufe ! qu'elle
fe faffe donc des titres tant qu'elle vou-
dra , ils fatisferont fon imagination :
mais ils ne convaincront pas ma raifon.

Ceux qui lifent les priéres de l'Eglife , peuvent y remarquer qu'elle re-
donne une liberté entiere d'interpreter
les Prophéties, comme il lui plaît ,&
les paffages de l'Ecriture. On prétend
même qu'il eft de foy que l'Eglife a
cette autorité.

Ces interpretations allegoriques qui
ne prouvent rien , & qui dependent
uniquement du genie de celui qui al-
legorife, revoltent la raifon d'un Indien de bon fens, bien loin de le perfuader: mais ce que je trouve de plus
remarquable, c'eft que l'Eglife ajoute
à l'Ecriture ce qui lui plaît. David a
dit , *Dominus regnavit , decorem in-
dutus eft,* & l'Eglife dit que David a dit
aux nations, *Dominus regnavit à ligno;*
Ce qui eft faux. *Impleta funt quæ con-
cinit David fideli carmine , dicens in
nationibus, regnavit à ligno Deus :* Jamais

mais David n'a dit ces paroles, de
quelque verfion qu'on puiffe fe fervir.

3. L'Ecriture nous aprend que J. C.
après la refurrection, ouvrit l'Efprit à
fes Apôtres pour leur donner l'intelli-
gence de l'Ecriture. *Tunc aperuit eis
fenfum, ut intelligerent fcripturas.* S'il
faut un tel miracle pour entendre les
Prophéties, elles ne font d'aucune
utilité, puifque la raifon naturelle ne
fauroit les comprendre ; & Dieu auroit
plutôt fait de nous tourner tout à coup,
par miracle, du côté de la Religion
Chretienne, que de nous faire marcher
par tous ces degrez. Mais que dis-je ?
Ce n'eft pas Dieu qui tient une conduite fi irreguliere, ce font les hommes qui le font toujours agir à leur
maniére.

4. Je n'entreray point dans un grand
détail pour faire voir que les Prophéties font très obfcures, que tout s'y
fent de l'Enthoufiafme afiatique & du
myftere des Caldéens, que ce qui paroit clair felon la vulgate, a un fens tout
contraire felon le texte original qui eft
le feul que le St. Efprit a revelé : que
ce qu'on nous dit aujourd'hui être une
Prophétie, eft un fait arrivé naturellement, & qui ne portoit point avec lui,
aucun

aucun caractere de Prophétie; qu'ainfi il eft ridicule de vouloir que je regarde le Peuple Juif, comme un Peuple tout Prophétique. Dieu n'a point exigé cela de moi, & fur ce pied là, je vais trouver toute la Religion de Mahomet dans la conduite du Peuple Juif. Si David dans fes vieux ans, demande pour fe réchaufer, la chaleur naturelle de la plus belle fille de fon Peuple, St. Auguftin & les autres Peres de l'Eglife n'ont point de droit de m'obliger à regarder cette action, comme une Prophétie de l'union de J. C. avec l'Eglife, la pureté de la Ste. Vierge.

5. Je ne m'arrêteroit pas à faire voir que Dieu ne fe conduit pas allegoriquement, que les allegories ne prouvent rien, que l'allegorie eft une figure qui tient toute fa réalité de l'imagination de fon auteur, & fur tout en matière fi ferieufe que la Religion. L'Allegorie eft entierement bannie de la Demonftration, & de tout difcours qui ne doit que convaincre l'Efprit. J'examinerai feulement celle de toutes les Prophéties dont on a fait le plus de bruit, & qu'on dit être la plus claire. La voici.

Jacob avant de mourir fit venir

devant lui tout ſes Enfans & leur donna
à tous ſa Benediction ; quand le tour
de Juda fut venu , il lui dit , *non anfe-*
retur ſceptrum de Juda , donec veniat
qui mittendus eſt ; Or , dit-on , le ſceptre a été enlevé de Juda quand J. C.
eſt venû ; donc voilà cette Prophétie
accomplie ; donc J. C. eſt celui que
devoit être envoyé. D'abord , il eſt
certain que les Juifs entendent diverſement le mot hebreux que nous tra-
duiſons par celui de ſceptre. Les uns
diſent que l'hebreux ſignifient perſe-
cution , tribulation , & que Jacob a
dit à ſon fils que les Juifs ſeroient toujours perſecutez , juſqu'à la venue de
celui qui devoit les delivrer de tous
leurs maux. Quelques-uns même pre-
tendent que ces paroles ſe ſont accom-
plies en la perſonne de Moïſe , & que
Jacob dit ſeulement à ſes Enfans qu'ils
ſeroient toujours perſecutez en Egypte
juſqu'à ce que fut venû celui qui devoit les delivrer de leur Eſclavage. Les
Docteurs Chretiens qui veulent tous
qu'on traduiſe le mot hebreu par celui
de ſceptre , ne conviennent pas non
plus du ſens de ce paſſage. Leur diſ-
pute roule ſur ce qu'on doit entendre
par Juda. Les uns diſent qu'on doit
entendre

entendre tout le Peuple Juif ; & qué le
fceptre n'a été veritablement ôté à ce
Peuple, que quand les Romains fe
font rendus maîtres de la Judée : d'autres, au contraire, difent qu'on ne
peut raifonnablement entendre ce mot
du Peuple Juif , & qu'il ne faut l'entendre que de la Tribu de Juda en particulier ; parce difent-ils , que Jacob a
pretendu donner une benediction fpe-
ciale, marquer un caractere particulier à chacun de fes Enfans. Ils ajou-
tent que fi l'on veut entendre ce mot
Juda , de toute la nation juïve , il eft
évident que le fceptre en a été bien de
fois ôté par fes Ennemis, & fur tout
par la captivité de Babilone , fans que
le Meffie foit venu ; or difent-ils , s'il
y a un tems où le fceptre ait été enlevé aux Juifs, & que le Meffie ne foit
point venu , cette marque ètoit donc
équivoque pour être une veritable
Prophétie. Les Péres au contraire , difent qu'on ne peut interprêter ce mot
de la Tribu de Juda uniquement,
parceque difent-ils , il eft évident par
l'hiftoire,que le fceptre a paffé en d'autres mains, fans que le Meffie foit venu. Les Juifs ont été gouvernés par
des juges : Saül n'étoit pas de la Tribu

H   de

de Juda. *Postulaverunt Regem & dedit illis Saul filium eorum, virum, de Tribu Benjamin. Act. Ch.* 13. *v.* 21. Le Royaume a été divisé, & il s'est trouvé qu'onze Tribus toutes entieres n'avoient qu'un Roi particulier. Longtems avant la venue du Messie, le Peuple Juif êtoit gouverné par des Pontifes, & chacun sait que les Pontifes êtoient de la Tribu de Levi. Les Maccabées n'étoient pas de la Tribu de Juda ; ainsi, disent-ils, il êtoit plus raisonnable d'entendre ces mots du Peuple Juif entier ; & s'il est vrai que ce Peuple ait été en captivité, il est certain, disent-ils, que dans la captivité même, il èroit toujours gouverné par des Pontifes de sa nation. On pourroit repliquer à ceux ci, qu'il paroît par le Nouveau Testament, que quoi qu'Herode fut Roi de la Judée, les Juifs étoient pourtant toujours gouvernés par des Pontifes : Chacun sait ce qui en arriva à la mort de J. C. le principal motif que les Juifs ont eu de le faire mourir, a été qu'ils apprehendoient que les Romains venant à savoir qu'il y avoit parmi eux un Perturbateur du repos public, ne leur ravisse l'autorité qu'ils avoient encore.

Venient Romani & subvertent gentem nostram. Il fut conduit devant Anne, Caïphe, le Sceptre n'étoit donc pas entiérement ôté des Juifs. Enfin de quelque côté qu'on se tourne, un Esprit juste ne peut faire convenir cette Prophétie au tems que J. C. est venu.

6. Tout le monde se mêloit de prophétiser parmi les Juifs : d'abord que Saül fut élû Roi, il se mêla aussi de faire des Prophéties : Enfin toute Prophétie qui est équivoque n'a pas plus de caractere pour nous convaincre, que les Quatrains qu'on voit à la tête de quelques Almanachs.

7. Le mystere est ordinairement une marque d'erreur, ou de foiblesse ; la verité est claire. Quelle raison auroit pu avoir Dieu de dicter des Prophéties obscures, puisqu'il ne donnoit ces Prophéties, comme on en convient, que comme une preuve convaincante de la Religion.

8. Virgile a fait une Eglogue à la louange de Pollion. Il a dit que sous son consulat, on verroit arriver mille merveilles. Tous les commentateurs chretiens se sont avisez de regarder cette églogue comme une Prophétie de la venuë de J. C. assurement Vir-

gile

gile ne croyoit pas avoir jamais l'honneur de se voir parmi nos Prophétes, & d'avoir Esaïe, & Jeremie pour confreres. Les Prophéties de ceux ci regardent autant J. C. que l'Eglogue de celui-là. On peut appliquer à J. C. ce que Virgile a dit de Pollion : on peut lui appliquer aussi ce que les anciens Prophétes ont dit en diverses occasions : l'allegorie applique tout à mille sujets differens, mais encore un coup, elle ne prouve rien. On voit quantité de ces applications dans les Epîtres & Evangiles. Ce qui est dit dans l'écriture de la sagesse éternelle, l'Eglise l'applique à la Ste. Vierge fort ingenieusement. Les lamentations que Jeremie faisoit autrefois au sujet de la captivité de Babilone, on les applique à la derniere destruction de Jerusalem. Tout ce qui a eu parmi les Juifs une application litterale en son tems, l'allegorie le fait entendre de la nouvelle Eglise ; & pour finir par un trait bien remarquable, on applique à J. C. & à l'Eglise les sales entretiens de Salomon avec sa Maîtresse. J'en rapporterois volontiers quelques traits : mais ceux qui voudront en juger par eux mèmes, n'ont qu'à lire le cantique des cantiques.   9. Qu'est-

9. Qu'est-ce encore que ces pretendues semaines de Daniel, après lesquelles le Messie doit venir? On peut les expliquer comme on veut : l'Eglise dit que ce sont des semaines d'années, & moi je dis que ce sont des semaines de siécles, de mois, &c. Le Prophéte ne s'est point expliqué, parcequ'il n'en savoit rien, il a parlé en homme. Si Dieu avoit dicté des Prophéties, elles auroient eu un caractere de clarté qui les auroit distinguées des autres maniéres équivoques de deviner, dont les hommes se servent. Les Devins ont trouvé l'art de masquer leur foiblesse sous l'apparence de l'Enthousiasme: Ils ne parlent plus le langage des hommes quand ils sont sur le sacré Trépied : mais Dieu qui n'auroit fait ces Prophéties que pour les hommes, auroit parlé d'une simplicité digne de lui, & proportionnée aux lumiéres qu'il a bien voulu nous donner.

10. Il y a dans l'embarras des Prophéties, un second merveilleux qui plaît aux hommes ; c'est qu'on devine des enigmes. L'Enthousiasme des Prophétes est tout humain & tout semblable à celui des anciens Payens, & des fem-

mes

mes tranſportées ſur le ſacré Trépied.
Dieu n'agit pas par fureur, ni par
tranſport, ni par figure. Encore un
coup, les Prophéties doivent être claires & ſimples pour perſuader.

11. La Prophétie *Ecce virgo conci-
piet*, ne pouvoit pas être un ſigne,
car les Juifs regardoient la Ste. Vierge
comme une femme ordinaire : Elle
avoit un mari ; qui pouvoit deviner
qu'elle n'uſât point de la liberté con-
jugale ? Les occaſions où les Prophéties ont été rendues, ont toutes eu à
la Lettre, un ſens litteral bien different de celui de J. C.

Lorſque Xerxes fondit ſur la Grece
avec toutes les forces d'Aſie, les Athéniens conſulterent l'oracle d'Apollon ;
La Pithie leur donna pour reponſe,
que Minerve protectrice d'Athénes
tachoit envain, par toute ſorte de
moyens, d'appaiſer la colere de Jupiter, cependant en faveur de ſa fille, il
vouloit bien ſouffrir que les Athéniens ſe ſauvaſſent dans des Murailles de
bois ; & que Salamine verroit la perte
de beaucoup d'Enfans chers à leurs
méres, ſoit quand Ceres ſeroit diſper-
ſée, ſoit quand elle ſeroit ramaſſée.
Sur cela Oenomaüs perd entiérement

le

le respect pour l'oracle de Delphes. Le combat du Pére & de la fille, dit il, sie bien à des Dieux; il est beau qu'il y ait dans le Ciel des inclinations & des interêts si contraires. Jupiter est courroucé contre Athénes, Il a fait venir contre elle toutes les forces de l'Asie; mais s'il n'a pû la miner autrement, s'il n'avoit plus de foudres, s'il a été obligé d'emprunter des forces etrangeres, comment a-t-il eu le pouvoir de faire venir contre cette ville, tant d'ennemis? après cela cependant, il permet qu'on se sauve dans des murailles de bois. Sur qui donc tombera sa colere? sur des Pierres? Beau Devin! Tu ne sais point à qui seront les enfans dont Salamine verra la perte; s'ils seront grecs, ou persans: il faut bien qu'ils soient de l'une, ou de l'autre armée: mais tu ne sais pas du moins qu'on verra que tu ne le sais pas. Tu caches le tems de la bataille sous ces belles expressions poëtiques, soit quand Ceres sera dispersée, soit quand elle sera ramassée. Tu veux nous éblouïr par ce langage pompeux: mais ne sait on pas qu'une bataille se donne au tems des semailles, ou de la moisson? apparement ce ne sera pas en hyver. Quoiqu'il

qu'il arrive tu te tireras d'affaires par
ce moyen : si les grecs perdent la bataille, ce Jupiter que Minerve tache de
fléchir aura été inexorable ; s'ils la ga-
gnent, Jupiter s'est enfin laiffé fléchir.
Tu dis qu'on fuye dans des murailles
de bois ; tu confeilles tu ne devine pas:
moi qui ne fait point deviner, j'en
euffe bien dit autant : J'aurois bien
jugé que l'effort de la guerre feroit
tombé fur Athénes, & que puifque les
Athéniens avoient des vaiffeaux, le
meilleur parti ètoit de fe mettre en
mer : Ainfi les Chretiens fe tirent d'af-
faire, foit que Dieu puniffe, on reçom-
penfe les bons & les mèchans ; ou
quand ils prient & qu'ils n'obtiennent
pas l'effet de leurs Priéres, malgré les
promeffes de J. C.

Une des chofes qui marque que les
hommes fe mèloient des Oracles c'eft
l'ambiguité des reponfes, & l'art
qu'on avoit de les accommoder avec
tous les Evénemens qu'on pouvoit
prevoir. St. Paul difoit, il y a 1700 ans
& plus, que l'Antechrift alloit venir,
& on l'attend encore.

*Refufcitans Jefum ficut & in Pfalmo
2 Scriptum eft, filius meus es tu, ega
hodie genui te Act. Ch. 13. v. 33.*

La

La Prophétie n'eſt elle pas claire, ſi on veut prouver la generation du verbe? On cite auſſi cette Propétie, *ego hodie genui te, & rurſum ego ero illi in patrem, & ipſe erit mihi in filium. Heb. Ch.* 1. *v.* 5.

CHAPITRE VIII.

De la Trinité & du Peché Originel.

1. NOus avons vû dans les conditions d'une bonne Religion qu'elle ne doit pas nous donner une fauſſe idée de Dieu, parce qu'autrement Dieu feroit contraire à ſoi même; d'autant que l'idée naturelle que nous avons de Dieu; ne nous peut venir que de lui même, de quelque maniére qu'on l'entende; Or ſi par la revelation, il nous donnoit de lui même: une idée contraire à celle qu'il nous a donnée par la raiſon, il y auroit dans ſa conduite, une contrarieté dont nous ſavons bien qu'il eſt incapable; Or la Trinité eſt entiérement oppoſée à l'idée que la nature nous donne de Dieu: donc cette pretendue Trinité eſt un reſte du paganiſme.

La

La raifon nous fait voir que Dieu
eft un être infiniment fimple ; donc il
n'eft pas triple, puifque s'il ètoit triple,
de quelque maniére qu'on l'entende,
on pourroit confiderer un être encore
plus fimple que lui ; favoir un qui ne
feroit pas triple en perfonne.

2. Les Emanations divines, ou plû-
tot les trois pretendues perfonnes de la
Trinité, ne font autre chofe que les
divers égards, fous lefquels les habiles
parmi les anciens, concevoient un feul
& même Dieu.

Platon qui n'ofoit enfeigner publiquement l'unité d'un Dieu, le confidere comme bon, comme fage, comme puiffant. Il fait trois Touts de ce
trois égards, la Bonté, la Sageffe, la
Puiffance. Les anciens péres qui è
toient les difciples de Platon ont porté
cette doctrine dans le Chriftianifme,
& ont fait trois perfonnes de trois qua-
litez qui ne conviennent qu'à un feul
& même Dieu.

3. Plus la Trinité oppofée à la raifon & plus il faut de preuves claires
pour nous convaincre que Dieu a revelé ce myftere : Je le repete une bonne fois pour ne le redire jamais ; Je
croirai avec confiance ce que Dieu
aura

aura revelé , parce que je fai que Dieu ne peut me tromper : mais il faut qu'on me prouve clairement la revelation.

4. Les paroles ne font qu'un air batu , lorfqu'elles ne fignifient rien , on fait parler les Perroquets. Tout ce qui n'eft appuyé que fur des paroles & non fur de veritables idées n'eft d'aucune confideration. C'eft pour cela qu'on ne fait aucun cas des jeux de mots , des équivoques , des faux brillans. Or tout le fiftême de la Trinité n'eft appuyé que fur des paroles vuides de fens, generation, proceffion, perfonne, hypoftafe &c. Donc &c.

5. On dit que les anciens Péres ont parlé avec menagement de la divinité de J. C. & de celle du St. Efprit ; comme fi Dieu avoit quelque efpece de honte de fe manifefter aux hommes, fuppofé qu'il le voulut ; & comme fi J. C. n'avoit pas dit qu'il rougiroit devant fon Pére de ceux qui auroient rougi de le confeffer devant les hommes. Non fi les anciens n'ont point parlé de la divinité de J. C. & encore moins de celle du St. Efprit, c'eft qu'elle lui étoit inconnuë ; pourquoi, en effet n'auroit-on pas eû les mèmes
égards

égards dans les siécles suivans ? Est-ce qu'on avoit moins à craindre d'inspirer le Politheïsme ; & n'étoient-ce pas des infirmes & des novices dans la foi, que ces pauvres cathecumenes à qui les Péres des siécles posterieurs enseignoient la Trinité.

6. Dieu est trop juste pour punir les Enfans du pèché de leurs Péres, il le dit mème dans l'Ecriture. En effet il n'y auroit point de pèché, s'il n'y avoit point de Loi, dit St. Paul : or dit-il, comment saura-t-on s'il y a une Lòi, si on ne l'a point aprise ? Je demande sur ces passages qui sont de l'Ecriture, comment les Enfans à qui Dieu n'a rien prescrit avant leur naissance, peuvent être coupables ?

7. Les hommes jugent toujours de Dieu par eux mêmes ; Ils n'ont d'autre voye que la douleur pour punir ceux qu'ils offencent : ils croyent donc que la douleur est une punition ; ainsi comme ils sentent qu'ils souffrent ils se persuadent qu'ils ont commis quelques crimes qui leurs ont attiré leurs souffrances ; & parce qu'ils éprouvent qu'on souffre avant que d'être en état de faire aucune action ; & que par consequent, on n'a pû meriter la souffrance soi méme, il

se

fe figurent que c'eft quelque autre qui l'a attirée fur eux, & ne voyent perfonne de plus propre pour cela , que le Pere de tous les hommes. Ils retrouvent ainfi en remontant, la fource de leurs miferes ; ils font tellement accoutumés à ces confequences , que lorfqu'ils voyent une famille malheureufe , ou par la perte du bien , ou par la maladie qui fe perpetue de Pére en fils , ils regar-dent ces accidens comme des effets de quelque pèché particulier ; ainfi com-me ils fe voyent tous fujets à des maux generaux , comme au froid , au chaud & à la mort , il fe font imaginés que leur Pére commun leur avoit attiré tous ces beaux prefents.

Ils ne fe font pas feulement conten-tés de dire en general que leur Pére avoit pèché , ils ont voulu déterminer en particulier , la qualité de l'offence ; & comme l'erreur ne fe foutient pas , les uns ont dit que ce premier Pére qui s'appelloit Adam avoit mangé d'une pomme, ou d'un fruit, contre l'ordre de Dieu ; d'autres ont dit qu'il s'appel-loit Promethée & qu'ayant volé le feu du Ciel , les Dieux avoient envoyé Pandore avec une boëte pleine de maux dont nous nous plaignons. Ceux

I   qui

qui ont eû quelque connoiffance de l'antiquité & qui ne fe laiffent point prevenir, conviendront que les Payens n'ont point pillé les Juifs en ce point. Les livres des Juifs n'ont été connus des Payens, qu'après la verfion des 70. On peut même affurer qu'ils le furent fort peu alors ; le defaut d'impreffion ne rendoit pas les livres fort communs, fur tout lorfqu'ils étoient en un auffi gros volume que la Bible. Or il eft certain que la fable de Promethée ètoit repandue dans le paganifme avant la verfion des 70. Les auteurs grecs les plus anciens en ont fait mention ; la douleur n'eft pas pourtant une punition du pèché de nôtre Pére commun : il feroit de la juftice de Dieu que cette punition fut égalée dans tous les hommes, parce qu'ils ont tous pèché en lui également : on ne peut pourtant difconvenir de l'inégalité de la punition, même dans les Enfans. Les uns naiffent aveugles, les autres boiteux les autres muets ; non feulement les maux du corps font bien differens parmi les hommes : mais encore la concupifcence & l'ignorance, ce qui eft auffi, dit-on, une punition du pèché, & parmi nous d'un degré bien different.   Si

Si la douleur étoit une punition , le plaifir devroit ètre auffi une récompen-fe; c'eft dont on ne convient pas. D'où vient donc le plaifir , & la douleur ? Il n'eft pas difficile de le deviner. La dou-leur eft un avertiffement que nous donne l'auteur de la nature pour nous faire éviter par fentiment , c'eft-à-dire par la voye la plus courte, ce qui pourroit nuire à nôtre corps. Quand nous fommes auprès du feu , il nous faudroit faire de grands raifonnemens pour favoir s'il nous eft , ou ne nous eft pas contraire. Il nous faudroit con-noître la nature du feu & la difpofi-tion actuelle de notre machine : Il faudroit avoir des yeux plus perçans que ceux que nous avons : le fenti-ment termine toutes ces difcuffions. Quand nous avons froid , le feu donne à notre fang le mouvemént qui lui convient , nous nous plaifons alors à nous y arrèter. Si nous avons chaud , le feu augmente-t'il le mouvement de nôtre fang , il nous incommode, nous le fuyons & tout cela machi-nalement; & par le plaifir & la dou-léur ; le plaifir nous eft auffi utile , que la douleur , foit pour nôtre propre confervation , ou pour celle de la So-

ciété : car il eſt certain que nôtre conſervation particuliere , & celle de la ſociété , ſont les deux pièces mouvantes,
pour ainſi dire , de tout ce qui ſe paſſe
dans le monde , par rapport à nous :
mais pour ne pas entrer dans une autre queſtion , combien faiſons nous
de choſes utiles à la ſociété , que nous
ne ferions point ſans le plaiſir & la
douleur ? La douleur que cauſe le mépris ; le plaiſir que la loüange excite ,
procurent mille biens à la ſociété : C'eſt
la douleur encore un coup , qui nous
approche du feu , quand cette approche
eſt néceſſaire : c'eſt le plaiſir qui nous
y retient ; C'eſt la douleur qui nous en
chaſſe , après nous y avoir conduit.
C'eſt la douleur & le plaiſir qui nous
font prendre nôtre nourriture : Enfin
un peu de meditation nous fera comprendre que le plaiſir & la douleur ne
ſont ni une recompenſe , ni une punition ; & que l'auteur de la nature ne
pouvoit trouver une voye plus courte ,
pour nous faire éviter le mal , & pour
nous porter au bien , non ſeulement
par rapport à nous ; mais encore par
rapport à la ſociété : ce qui nous doit
faire voir que nous agiſſons bien plus
machinalement qu'on ne penſe.

8. Le

8. Le defordre de la nature & la re-forme que Dieu y auroit apportée, marqueroit une imperfection en Dieu, on ne reforme que ce qui eft mal fait ; & Dieu eft incapable de mal faire. L'homme n'eft point corrompu. On ne peut point foutenir qu'il l'eft , fans attaquer la fageffe & la puiffance in-finie de fon auteur. L'homme eft tel qu'il eft par fa nature. La nature eft l'ordre que Dieu a établi, qui par con-fequent ne peut être mauvais. On ne fauroit reformer l'homme fans tomber dans de grands inconveniens. La Terre feroit elle fuffifante pour contenir tous les hommes , s'ils ne mouroient pas ? & que deviendroit chacun de nous en particulier ? Defabufons nous, la mort eft néceffaire pour l'ordre de la nature , & n'eft pas un fi grand mal qu'on le penfe : Dieu fait ce que nous devons : nous contribuons à l'ordre de l'uni-vers. Ce qui eft bien fur, c'eft que nous ne fommes point changés en tifons d'Enfer.

Dieu eft tout puiffant : mais fa toute puiffance n'a pas pour objet de faire des contradictions : or felon la nature de la matiére , l'homme doit être tel qu'il eft & n'a jamais pû être autre-

l 3   ment :

ment : la nature de la matiére a été
determinée avant le pretendu pèché
de l'homme : Et cette nature de la matiére n'eft-elle que par la volonté de
Dieu ? ainfi l'homme n'eft tel qu'il eft
que par la nature de la matiére. En
effet la matiére eft divifible & penetra-
ble : le plus folide fepare le moins folide. Toute matiére eft fujette aux
regles du mouvement, l'homme eft
donc effentiellement mortel, parce
qu'ayant un Corps, il eft divifible ;
& il eft faux que le pèché ait caufé la
mort de l'homme, & les autres inconveniens dont nous nous plaignons ; fi
nous voulions faire des folides re-
flexions fur l'état où nous nous trouvons ici bas, nous verrions que tous
nos pretendus malheurs ne dependent
que de nôtre imagination : nous vou-
lons dominer fur les autres & nous
nous croyons malheureux quand nous
n'avons pas ce qui nous éleve. Pour
cela il faut des richeffes & nous nous
regardons comme infortunés, quand
nous en manquons.

9. D'où nous peut venir nôtre pretendue inclination au mal ? qu'on
nous dit être une fuite du pèché de
notre premier Pére ? ou elle nous
vient

vient de Dieu , ou de nous mèmes ,
ou des autres Créatures ? 1. Elle ne
peut venir de Dieu , parce que Dieu
ne fait rien de mal. On ne peut dire que
Dieu nous a donné cette inclination ,
pour nous punir de la defobéiffance de
nôtre premier Pére , un tel penchant
feroit une plaifante punition , non
feulement parceque nous avons du
plaifir à le fuivre ; mais encore parceque Dieu ne fauroit punir , en donnant une mauvaife inclination. Quelle
idée feroit ce attribuer à Dieu ?

2. Elle ne peut venir de nous mèmes :
nous ne pouvons ni nous créer , ni
nous donner des inclinations , ni nous
défaire abfolument de celles que nous
avons. Si nous avions un tel pouvoir ,
nous nous reformerions à nôtre gré.
Enfin fi elle venoit de nous , elle ne fe
trouveroit pas dans tous les hommes.

3. Les Créatures peuvent bien être
l'occafion qui nous détermine à redui-
re nos facultés en acte ; mais comme
elles font hors de nous , elle ne nous
peuvent donner ni faculté ni inclination.

Nous n'avons donc point de mauvaifes inclinations , tous nos penchans
font bons , parce qu'ils viennent de
Dieu ,

Dieu, nous en faiſons quelques-fois mauvais uſage par rapport aux Créatures : mais les circonſtances qui font trouver ces uſages mauvais, ne changent rien au fond ; Et ce que nous appellons mauvais penchant, eſt un inſtinct que Dieu nous a donné qui donne le branle à tout ce que nous faiſons, ſoit pour notre propre conſervation particuliere, ou pour celle de la ſociété.

On remarque dans les autres animaux le même penchant qu'on dit être mal en nous : or il portent donc avec nous la peine de nos crimes. Il eſt déraiſonnable de prétendre que parce qu'on s'imagine que l'homme eſt le chef des animaux, ceux ci ont dû reſſentir les effets de ſa mauvaiſe conduite. La nature (quand on l'interroge) nous fait ſentir le ridicule d'une imagination ſi groteſque. Les animaux ont donc été bien étonnez de voir changer tout d'un coup, l'ordre de l'univers, car ils ont été créés devant nous. Les animaux au contraire, ne devoient jamais ſe reſſentir de la foibleſſe de l'homme ; & celui ci auroit été bien plus puni, s'il les eut vû exemts de ſes maux.

Dieu

Dieu étant tout puiffant, il peut faire ce qu'il y a de meilleur & de plus avantageux pour nous : Puifqu'il eft infiniment bon & fage, nous ne devons pas douter qu'il ne l'ait fait : ce que nôtre imagination trouve mal, eft bien & fagement ordonné. Connoiffons mieux le premier être, nous en eftimerons plus fon ouvrage : il eft de l'infinie bonté de Dieu de n'avoir pas mis l'homme dans une fituation, où il pût l'offenfer & fe perdre.

10. Qu'eft-ce que la nature corrompue ? Eft-ce qu'elle eft dans un autre état qu'elle a toujours été? les effences, les regles determinées au moment de fa création, ont elles pû changer? fi l'homme aime à fentir & à être agreablement remüé, c'eft parce que telle eft fa nature ; & non un effet du pèché: comment eft-ce qu'Adam auroit trouvé du plaifir à manger le fruit defendu, s'il n'avoit été tel par fa nature, que cette manducation lui pût plaire & le determiner ?

Julien l'apoftat ne regna que deux ans : ce court regne eft regardé comme une punition de Dieu : Il vouloit detruire le Chriftianifme. Jovien lui fuccede, & commence, au contraire,

contraire, à fe porter avec zele, à la deftruction du Paganifme & à l'établiffement du Chriftianifme. Il ne regne que 7 mois. Affurement, dit-on un homme comme celui là étoit neceffaire au Chriftianifme! Eft-ce une punition ? eft-ce une recompenfe ? ce ne peut-être une punition, puifque felon l'opinion, il ne faifoit que le bien : ce ne peut-être une recompenfe puifqu'il n'a pas achevé fon ouvrage.

11. Si rien n'arrive, que par les regles du mouvement determinées, fi le corps de l'homme ne fe remüe que conformement à ces regles comment Dieu peut-il nous punir ? pouvons-nous ne pas le fuivre ? *in ipfo vivimus, movemur & fumus.* Comment nous jugera-t-il ? C'étoit donner à l'homme des armes pour fe tüer, que de lui donner une liberté telle qu'il put offenfer Dieu. (*) Dire que le pèché d'Adam ètoit neceffaire pour un plus grand bien, c'eft faire dependre Dieu d'autre chofe que de lui mème.

(*) *Lucrece Livre 6. au commencement. Pourquoi le Tonnerre ne tombe pas fur les Impies ?*

C H A-

CHAPITRE IX.

De l'idée que nous devons avoir de Dieu. Qu'il n'a point revelé aux hommes, un culte particulier, dont il ait voulu être honoré.

1. MA raison me dit que Dieu est le plus parfait de tous les êtres: Il doit contenir éminemment toutes les perfections que nous obfervons dans les Créatures, puifque lui feul peut être l'auteur de ces perfections.

Mais prenons garde de nous tromper, quand nous attribuons à Dieu des perfections qui ne font perfections, que par rapport à nous.

Les hommes confiderent ordinairement Dieu comme un grand Roi, ils difent qu'il fait tout pour fa gloire, *ad majorem Dei gloriam* ; cependant l'Idée de la gloire ne fauroit convenir à Dieu. La gloire eft entierement refpective, c'eft-à-dire, que la gloire n'éxifte que dans l'imagination des autres. Chercher à s'acquerir de la gloire, c'eft chercher à paroître grand dans l'imagination d'autrui : ainfi la gloire, quelque fens qu'on puiffe lui donner,

ne

ne peut jamais convenir à Dieu, qui
eſt infiniment au deſſus de l'imagination des hommes ſes créatures ? Il eſt
donc abſurde de dire que Dieu recompenſe dans le Ciel pour faire éclater ſa
bonté ; qu'il punit dans l'Enfer pour
faire éclater ſa juſtice, qui ſont donc
les ſpectateurs dont Dieu cherche à s'at-
tirer l'eſtime, ſoit lorſqu'il recompenſe, ſoit lorſqu'il punit ?

On ne peut dire que Dieu agit pour
faire éclater quelques-unes de ſes perfections, ſans dire qu'il cherche l'admiration d'un être égal à lui ; & ſans
avancer, ſans qu'on s'en aperçoive,
que Dieu n'a pas été toujours heureux,
puiſqu'il y a eû une Eternité, où Dieu
n'a pas eû la ſatisfaction de faire éclat-
ter ſon merite infini ; car avant la création du monde, il n'ètoit qu'avec lui
même.

2. C'eſt un principe de religion,
qu'on ne doit point agir dans le doute : ainſi quand je ne ſuis point aſſuré
que la religion de mes Péres eſt veritable ; je ne dois pas m'expoſer à rendre
à Dieu un culte que peut-être il ab-
horre.

3. On peut conſiderer les creatures
par rapport à Dieu & par rapport à
elles mêmes.   Toutes

Toutes les créatures font bonnes par rapport à Dieu. L'Ecriture le dit, *vidit Deus cuncta quæ fecerat, & erant valde bona*. Elles font dans une dependance entiere à fon égard. On ne peut concevoir qu'il fe paffe quelque chofe dans le monde, qui foit contraire à la volonté de Dieu, & aux regles qu'il a établies dans la création, & dont tout ce qui arrive n'eft qu'un enchainement & une fuite : rien par confequent ne peut être mauvais par rapport à Dieu : Il n'a donc rien à recompenfer, ni à punir. On ne punit que le mal & il ne fauroit y en avoir par rapport à Dieu ; & on ne recompenfe que le bien ; & on ne peut trouver dans le monde d'autre bien que celui dont Dieu eft l'auteur. Il n'y a donc point de punition à craindre, ni de recompenfe à efperer de la part de Dieu : Il n'y a donc point de religion.

Les créatures confiderées par elles mèmes, c'eft-à-dire, par les differentes relations qu'elles ont entre elles, peuvent fe nuire & fe faire plaifir ; de certaines chofes conviennent à la nature de l'homme, d'autres lui nuifent : ainfi les créatures intelligentes doivent être portées par la crainte de

K   la

la punition , à ne se pas nuire mutuellement ; & on doit même les exciter,
par la recompense , à s'être utiles les
unes aux autres, parcequ'elles peuvent se nuire reciproquement, à cause
de leur differente situation , & de leur
nature particuliere : Or comme il n'y
a rien qui nous interesse tant que notre propre conservation , & que par
les regles de l'auteur de la nature, la
douleur nous éloigne de ce qui nous
nuit , & le plaisir nous fait approcher
de ce qui nous convient , nous devons
par la douleur que cause la punition
& le plaisir que cause la recompense ,
exciter dans les creatures sensibles,
tous les mouvemens qui nous conviennent; C'est par cet art qu'on dresse
des animaux à faire tant de choses
surprenantes. Les Rois qui ont gardé
une semblable conduite , ont toujours
enrichi leurs états de mille nouvelles
inventions ; tout a fleuri de leur tems,
ainsi une vipere qui blesse un homme,
ou un lion qui le mange dans une fo-
rêt , ne peut offenser Dieu. Ces animaux ne nuisent qu'à l'homme , qu'il
se vange d'eux : qu'il les détruise s'il
peut : ils sont mauvais par rapport à
lui ; c'est à lui à s'en défendre ; mais
ils

ils font bons par rapport à Dieu, auffi
Dieu a-t'il donné à toutes les créatures des armes naturelles pour fe défendre de celles qui lui pouvoient
nuire : de même un voleur nuit à la
fociété , il detruit l'ordre & la fureté
qui doit fe trouver parmi les hommes,
c'eft une vipere qui les bleffe : Que les
hommes le puniffent, qu'ils le retran-
chent de la focieté , comme une machine mal reglée : mais le Créateur
qui l'a fait , n'a rien à punir en lui :
nous n'agiffons encore un coup , que
par les regles determinées du mouvement ; nos mufcles font determinés à
fe mouvoir par des caufes qui ne dependent pas de notre caprice , quelque illufion que le vulgaire fe faffe
fur ce point ; & Dieu n'auroit pas
plus de raifon de nous punir d'avoir
volé, que d'être devenu fou ; car l'Auteur de la nature qui a tout créé , a
laiffé la puiffance à l'homme de fe l'acquerir, puifqu'il a fait ces chofes pour
fon utilité ; il a mis en lui le plaifir &
la douleur , parceque ces deux chofes
lui font encore neceffaires : ainfi un
homme qui vole fait le bien & le mal;
il fait le bien par rapport à lui & le
mal par rapport aux autres, & rien par

K 2   rapport

rapport à Dieu. Donc ce font les hommes qu'il offenfe & non pas Dieu: donc c'eft aux hommes à le punir, puifqu'il les offenfe & qu'il pèche contre les regles qu'ils fe font etablies, & Dieu n'a rien à punir en lui.

Les hommes veulent toujours juger de Dieu par eux mèmes : ils puniffent, ils recompenfent : ils croyent que Dieu punit & recompenfe de mème ; & il paroit au contraire, être de la nature de Dieu, & une veritable perfection en lui d'être hors d'état de pouvoir faire ni l'un ni l'autre. Sous un être infini & tout puiffant, il ne doit fe faire que fa feule volonté, de laquelle Dieu n'a aucun compte à nous rendre, & qu'il eft impoffible que nous connoiffions jamais : Dieu n'a donc qne lui mème à punir & à recompenfer.

4. Il eft de l'effence de Dieu de faire ce qu'il y a de plus parfait. Or comme c'eft une imperfection que de pouvoir offenfer Dieu, il ètoit de la bonté & de la fageffe de Dieu de mettre l'homme dans une fituation à ne pouvoir l'offenfer & fe perdre ; & il ne faut pas douter que Dieu ne l'ait fait.

Si Dieu avoit exigé de nous un culte particulier,

particulier , dont il voulut être honoré , il l'auroit revelé dez le commencement. C'est une ridiculité de dire
que Dieu se soit manifesté de differentes manieres , en divers tems, qu'il
ait traité les hommes en esclaves dans
l'ancienne loi , qu'il les traite en enfans dans la nouvelle : c'est l'imagination des hommes qui varie ; mais
Dieu ne change jamais. Il est absurde
de dire que Dieu ait permis de certaines choses en divers tems, *ad duritiem
cordis* ; & qu'il se soit avisé de les defendre dans d'autres; Les hommes ont
toujours été les mêmes On dit tantôt
qu'ils se sont pervertis de plus en plus,
& tantôt on les regarde comme plus
parfaits que les anciens. On veut qu'il
ait été permis aux anciens de repudier
leurs femmes *ad duritiem cordis* , &
l'on veut que les Pharisiens du tems
de J. C. & les Juifs alors si imparfaits,
n'ayent pas besoin de cette condescen-
dance ; Ils étoient donc plus parfaits
que leurs Péres. Tant il est vrai que
c'est le propre de l'erreur que de se de-
mentir.

Il y a des Philosophes qui preten-
dent que nous voyons tout en Dieu ,
que nous avons des idées innées des

premiers principes , & que ce n'eſt
que par cette raiſon, que tous les hommes de l'univers conviennent que le
tout eſt plus grand que ces parties. Je
ne veux pas ici refuter cette imagination ; Je ne veux pas leur demander
pourquoi il faut tant d'attention pour
certaines choſes , & pourquoi il n'en
faut point pour d'autres , ni d'où vient
que tous les hommes ne voyent que
très peu de choſes de la même maniere ; Si c'eſt en Dieu qu'un Mahometan de bonne foi , voit que ſa religion
eſt la veritable ; & d'où vient qu'après
une longue & ſincere attention de
part & d'autre , on ne laiſſe pas de
penſer diverſement , mais je leur demande d'où vient que Dieu ne nous
a point donné des idées innées d'une
certaine religion ? ètoit-il plus neceſſaire de nous aprendre que le tout ètoit
plus grand que ſa partie ? les ſens &
l'experience ne l'auroient-ils pas apris?
le merite de la foi ſeroit le mème , la
certitude de la revelation ne pourroit
que l'augmenter , il s'agiroit toujours
de croire & de pratiquer ; car je ne
demande pas que Dieu nous donne
une idée de la ſubſtance des myſteres ,
ni qu'il nous les explique ; c'eſt alors
qu'il

qu'il n'y auroit plus de foi : mais je
demande seulement qu'il nous donne
une certitude de sa revelation ; Dieu
est trop juste & trop bon pour ne pas
l'avoir fait, s'il y avoit dans le monde
quelque religion veritable.

La croïance d'un Dieu n'est nulle-
ment l'effet du hazard, ni de la politique, & encore moins de l'ignorance, puisqu'elle se trouve dans tous les
hommes ; Tels seroient tous les arti-
cles de la religion, si Dieu en avoit revelé quelqu'une. Il ne convient pas à
la sagesse & à la bonté de Dieu d'exiger de l'homme plus qu'il n'est capable de faire, c'est-à-dire au delà de ses
plus sincéres efforts ; or s'il y a des
hommes qui soient ou qui ayent été
dans une veritable impuissance de
s'assurer de la revelation ; c'est une
preuve certaine qu'il n'y en a point.

Nous n'avons que deux voyes pour
connoître la volonté de Dieu, la raison & la revelation ; D'où vient que
la raison est plus ou moins dans tous
les hommes, & qu'il y en a tant qui
ignorent la revelation, qu'il n'y en a
eu même que fort peu qu'on nous
dit en avoir été les temoins ? C'est
qu'effectivement il y a une raison,
& qu'il

& qu'il n'y a jamais eu de revelation.

6. On croit d'agir volontairement,
lorfqu'on agit dans la paffion: on croit
penfer avec liberté, lorfqu'on reve.
Un fou croit faire librement tout ce
qu'il fait ; & nous croyons agir librement dans nos actions ordinaires ; cependant un certain mouvement des li-
queurs, ou une certaine difpofition
des organes fait l'homme paffionné,
une autre l'homme fage & une autre
l'homme fou : La nature eft uniforme. Suppofer l'homme libre, & qu'il
fe determine par lui mème, c'eft le
faire égal à Dieu ; c'eft faire ce que
Dieu mème ne peut faire : la determi-
nation eft une action; or fi l'homme
pouvoit fe determiner par lui mème,
il pourroit donc agir par lui mème,
il feroit Dieu & pourroit créer.

Pourquoi l'homme ne pourroit-il
fe determiner qu'en certaines occafions ? l'homme doit agir d'une maniére generale & uniforme, c'eft-à-
dire que fes actions doivent avoir la
mème caufe ; s'il fe fait en lui quelques actions machinaires, elles fe font
toutes machinalement ; & s'il s'en fait
quelques-unes librement, elles fe font
toutes librement.

La

La volonté de l'homme ne veut que parcequ'elle eſt determinée, elle ſe porte à ce qui lui paroit bien : elle ne peut aimer que le bien ; ainſi elle ne peut qu'être determinée, & il faut qu'elle ſente l'impreſſion du bien & même du mal.

L'Horloge ne va que parcequ'il eſt monté. Diſons-nous que nous ne devons pas monter l'horloge ? ainſi quoique l'homme n'agiſſe que ſelon qu'il eſt determiné, il faut pourtant monter l'homme, le determiner ſelon nos interêts ; La crainte du chatiment l'empèche de nuire à la ſociété, les recompenſes l'attirent.

La nature eſt uniforme dans l'univers ; tout eſt ſujet ici bas à la même viciſſitude ; les feuilles tombent, les hommes meurent.

7. Trois objets de la religion, Dieu, le prochain, & nous mèmes Dieu eſt proprement le ſeul & vrai objet de la religion : Les autres le font de la ſociété : quand je veux detruire la religion, je veux ſeulement detruire un culte que Dieu n'a pas revelé aux hommes, & qu'il n'exige point d'eux par rapport à lui ; mais je ne trouve pas mauvais que la religion ſubſiſte

par

par rapport à nous & au prochain : Pour lors, c'eſt la ſocieté.

Il y a des choſes que nous ne connoiſſons que par les idées, que j'appelle des idées de reſſemblance: ainſi avant que d'avoir été à Rome, je ne connois Rome, que par des idées de reſſemblance ; de même nous ne connoiſſons Dieu que par une idée de reſſemblance.

Tout eſt rapport ; La victoire eſt bonne & mauvaiſe ; un bourreau eſt bon & mauvais ; un voleur fait le bien & le mal ; Combien de familles perdues & deſolées chez les ennemis, d'un même accident qui nous fait faire des feux de joye : un voleur fait le bien par rapport à lui, il augmente ſes facultez, il fait le mal par rapport à la ſocieté.

S'il y a un Dieu, dit-on, il doit y avoir un culte: l'écriture nous aprend que le monde n'eſt pas éternel; il y a eu un Dieu, & point de culte ; les bêtes ne rendent aucun culte à Dieu ; S'il n'y avoit point d'homme, il y auroit un Dieu, des créatures, & point de culte.

8. Trois choſes font voir la fauſſeté de la Religion.

1. La

1. La fauſſeté phyſique ſur quoi elle eſt fondée.

2. La fauſſe idée qu'elle nous donne de Dieu & de la liberté de l'homme.

3. Le peu de rapport entre les moyens qu'elle nous preſcrit, & la fin de ces moyens.

1. Si les hommes ne ſavoient pas écrire ; s'ils ne s'ètoient point aviſez de ce moyen qu'ils n'ont pas toujours eû, & que Dieu ne leur a pas apris, comment ſauroient-ils les points de la Religion ? peut-on concevoir que Dieu faſſe dependre la Religion d'un art qui n'a pas toujours été, qui n'eſt pas auſſi ancien que la Religion & qui eſt encore inconnu à une infinité de peuples ? n'y ayant que ce ſeul moyen pour apprendre la Religion. Comment un ſourd de naiſſance peut-il l'apprendre? puiſqu'il n'a point de Religion, il eſt donc damné.

Si la R. C. avoit trouvé les hommes dans l'état de la raiſon, il y auroit bien lieu de s'étonner qu'elle ſe fut établie ; mais elle les a trouvés dans des erreurs groſſieres; une erreur a fait place à une autre ; comme il y a dans le cœur, une circulation de paſſions, quand on connoit l'homme, rien ne ſurprend ; il eſt

ſuſceptible

fufceptible de nouveauté, & l'embraffe bien fouvent fans raifonner, feulement parceque la nouveauté lui plait.

Ceux qui entendoient prêcher les apôtres avoient une grande pente à l'incredulité.

2. La R. C. nous donne une fauffe idée de Dieu : car la juftice humaine eft une émanation de la juftice divine, & doit être en foi de la même nature ; Or nous ne pourrions, felon la juftice humaine, que blâmer la conduite de Dieu envers fon fils, envers Adam, envers les peuples à qui on a jamais prêché, envers les enfans qui meurent avant le baptême : auffi anciennement les chretiens favoient attraper Dieu, en fe faifant baptifer le plûtard qu'ils le pouvoient, le baptème éfaçant tous les pèchez, ils alloient droit au Ciel.

La R. C. a été contredite & reformée par d'habiles chretiens ; mais on les a traités d'impies & d'heretiques. Dieu n'eft point pour l'homme ; L'homme feroit plus noble que Dieu, puifque Dieu feroit pour lui. L'homme n'eft point pour Dieu, parceque Dieu n'a befoin de rien ; l'homme a été fait parceque Dieu l'a voulu faire, comme il a fait toutes les autres

tres créatures animées & inanimées.

9. L'Etat de foiblesse, où nous voyons que l'homme se trouve dans les derniers instans de sa vie, nous fait dire qu'il ne peut plus agir & par conséquent plus meriter ; & comme nous le croyons immortel, nous disons qu'il va subir son jugement.

Les remords ne prouvent ni la divinité, ni la Religion, les remords ne font qu'un sentiment interieur ; Or nos sentimens interieurs ne prouvent rien, si non que nous sentons & que nous sommes. Les remords ne viennent que des prejugez, si nous étions exemts de prejugez, nous serions exemts de remords.

Les remords ne viennent que de l'education & d'une disposition particuliere de nos organes ; si les remords provenoient d'une autre cause, ils seroient les mêmes dans tous les hommes ; & pour le même fait ; s'ils étoient une preuve de quelque chose existante hors de nous, independamment de nous : or les uns ont remord de faire une chose que les autres n'ont point : par exemple, un chretien n'auroit aucun remord d'avoir meprisé & foulé aux pieds l'alcoran, & il en auroit un

L   trés

très grand d'avoir foulé le crucifix, de même que le Turc n'en auroit aucun d'avoir foulé le crucifix, & en auroit un très grand d'avoir meprisé ou foulé l'alcoran.

Les remords ne proviennent donc que du prejugé. Enfin le remord seroit en tout tems devant l'action, dans l'action, comme après l'action ; Ce qui n'est point : mais quand nôtre machine est épuisée des esprits agitez dans la passion, alors les anciennes idées se réveillent & font très facilement impression & causent le remord.

CHAPITRE X.

Que la Religion C. n'est pas necessaire pour la société civile, qu'elle tend à la detruire, qu'elles retient dans de legitimes bornes, moins de personnes qu'on ne pense.

1. SI la Religion ètoit necessaire dans le monde, & si chacun ètoit obligé de vivre dans celle où il est né, il est constant que dieu en auroit donné quelque marque certaine & evidente. La vicissitude des choses humaines, le changement des langues auroit

auroit porté la juſtice de Dieu à nous laiſſer une marque invariable, de la verité de la Religion. Nous ne pouvons deviner la volonté de Dieu, s'il ne nous la manifeſte clairement; & une des plus grandes preuves que Dieu n'a point revelé de Religion, c'eſt que la Religion a beſoin d'être prouvée; ce qui ne devroit point être.

La Religion n'eſt proprement que le culte que nous devons à Dieu, comme de croire la trinité; l'incarnation, entendre la meſſe, frequenter les ſacremens &c. La vie civile eſt très independante de ce culte, ainſi on peut remplir tous les devoirs d'un bon citoyen & de bon ami, en un mot d'honnête homme, independamment du culte qu'on dit que nous devons à Dieu. Il eſt vrai que les hommes qui veulent par intérêt, que tout le monde s'acquite envers eux des devoirs que la ſociété exige, ont lié ces devoirs avec ceux de la religion, & ont pretendu qu'une partie du culte divin conſiſtoit à remplir les devoirs & les obligations des citoyens; ils multiplient ainſi les motifs qui nous portent à leur être utiles; cette politique eſt judicieuſe, quoiqu'intereſſée: mais

L 2   elle

elle n'eſt point véritable, parce qu'enfin il s'agit toujours de faire voir que
Dieu a revelé que tel étoit le Culte
qu'il demandoit de nous.

Si nous n'étions pas prevenus,
nous verrions que la R. C. eſt très
nuiſible à la ſociété civile ; il n'y a
que ceux qui la pratiquent par ignorance, ou ceux qui ne raiſonnent pas
conſequement qui puiſſent s'en former une autre idée, le mépris outré
que la R. C. ordonne des richeſſes,
detruit entierement le commerce, qui
eſt l'ame de la ſociété ; il ſuffit de
vouloir devenir riche pour tomber
dans les filets du Demon ſelon l'écriture. *Qui volunt fieri divites, inci-
dunt in laqueos Diaboli.* C'eſt cependant ce deſir qui lie toutes les nations
& les particuliers par un ordre admirable de la providence ; ſi vous ôtés ce
deſir de l'univers, dans quel état d'aſ-
ſoupiſſement l'allés vous faire tomber ?

La R. C. blame encore le deſir de
ſavoir & toute ſorte de curioſité. Dans
quelle ignorance ce principe ne con-
duit-il pas ? Elle blame encore tout
penchant d'un ſexe pour l'autre,
& ſi l'on ne peut pas ſe vaincre ſur ce
point il faut ſe marier : mais point
de

de converfations, point d'entretiens avec des perfonnes d'un fexe different, fi on ne commet point d'offence dans ces entretiens, on s'expofe toujours à en commettre. *Qui amat periculum , in eo peribit.* Ces entretiens ne font donc permis qu'en des occafions extra-ordinaires : Combien de confequences contraires à la fociété civile ne tirera-t-on pas de ce principe ? Combien de mariages mal affortis ? que dira-t-on même de l'auteur de la nature, de nous donner lui même un penchant qu'il devoit condamner & punir? Peut-on regarder Dieu comme jufte après cela? Pourquoi nous donnoit-il un tel penchant, s'il vouloit nous empêcher de le fuivre? peut-on le faire agir d'une maniere fi peu fage? mais que dira t-on, fi l'on confidere que la R. C. regarde le mariage comme un état d'imperfection par rapport au celibat? qu'on life ce qu'ont dit St. Paul & les Peres de l'Eglife fur ce point; on verra que les Chretiens devroient avoir honte de fe marier; & que deviendroit la fociété civile fans le mariage ?

Enfin la Religion C. condamne tout ce qui fert à fatisfaire les fens, & ne

veut

veut point que nous suivions en rien
notre volonté. On regarde cette volonté propre comme la source de tous
les maux ; les grandeurs sont de veritables bassesses ; enfin tout ce qu'on
appelle pompe du monde est con-
damné par la R. qui nous dit que tout
ce qui est dans le monde est *Concupis-*
centia oculorum concupiscentia carnis ,
superbia vita. Or qu'y a t-il dans la
société civil qui ne soit compris dans
ces trois choses ? Je sai que par des
distinctions dont on paye les esprits
superficiels , on pretend justifier la R,
C. des excès dont je la blame ici. La
R. disent-ils , ne blâme que l'attachement à la science , aux plaisirs , aux
richesses , aux grandeurs , sans blâmer
toutes ces choses en elles mêmes :
mais en verité , si on me defend le
desir d'une chose , comment la recher-
cherai-je ? & si je ne la recherche pas ,
que deviendra la société ? mais il faut ,
dit-on , les rechercher pour l'utilité
que l'on en tire , & non pas pour elles
mêmes. Sans examiner si ce dernier
faux fuyant n'est pas contraire au fond
de la doctrine , pourquoi la R. C. me
dit-elle que l'état le plus parfait est celui dans lequel on se prive entierement
de

de toutes chofes : & pourquoi me dit-
elle que je dois faire tout ce qui depend de moi pour tendre à cette perfection qui eſt auſſi ſpirituelle que celle
de Dieu mème , qui a tout quitté en
ce monde pour embraſſer la pau-
vreté ? *Eſtote perfecti, ſicut pater veſter
cæleſtis perfectus eſt.*

Ceux qui n'ont pas aſſez de force en
eux mèmes pour ſe défaire de leurs
prejugez & qui ſans examiner les principes les ſuppoſent veritables , tirent
de grandes conſequences de la morale
de la R. Ils embraſſent la vie monaſti-
que , c'eſt-à-dire ; qu'ils ſe ſeparent
de la ſociété civile. Leur conduite eſt
très blamable , ſi on raiſonne ſelon
l'ordre de la nature & de la ſociété :
Elle eſt très reguliere ſelon les regles
de la R. C. Celle-ci defend de ſuivre
ſa propre volonté , ils font vœu d'o-
beiſſance. Elle defend les plaiſirs ſen-
ſuels , ſur tout ceux que le divin auteur excite lui mème , à l'occaſion des
impreſſions qu'un ſexe different fait
ſur l'autre , ſoit par ſimple preſence ,
ou par une union plus étroite , ils font
vœu de chaſteté , & detruiſent mème
quelquefois leur propre corps par des
auſteritez continuelles. Elle defend
l'amour

l'amour des grandeurs, le defir des richeffes, ils font vœu de pauvreté. Quelles louanges ne leur donne-t-on pas dans le monde, fur tout s'ils ont quittés de grand biens, ou renoncé à une naiffance illuftre pour embraffer cet état ? eft-il rien de plus oppofé à la fociété civile? & la nature cede-t-elle ainfi à l'imagination des hommes ?

Les moines , ces pretendus pauvres volontaires ne font pas feulement inutiles à la fociété civile , par la vie oifive qu'ils menent : mais ils nuifent veritablement, comme ils font vœu de pauvreté & qu'ils fe font nourrir par le public pour la peine qu'ils prennent de ne rien faire , ils dérobent aux pauvres de néceffité , ce que la fimplicité du peuple leur donne , en achetant avec des trefors temporels , des trefors imaginaires d'indulgences.

Ce qui fait voir l'illufion qui fe trouve dans cette conduite des moines, c'eft que ceux mêmes qui embraffent cet état de bonne foi , ne faffent vœu de pauvreté que pour être mieux à leur aife , & pour poffeder de plus grands biens; La plûpart font logé magnifiquement ; Les Ordres anciens ont

acquis

acquis de vastes possessions : Les pauvres hermites de l'ordre de St. Bruno,
(c'est la qualité qu'ils prennent dans les
contracts) font puissamment riches,
sans rien dire des Religieux de l'ordre
de St. Benoît, des Jesuites, & des autres dont le nombre est infini, la plûpart desquels sous pretexte de R. exer-
cent une tirannie honteuse sur le peuple ignorant & stupide ; & l'on peut
dire avec justice, qu'ils sont plus puis-
sans que les souverains mêmes, comme le font les inquisitions de Portugal,
d'Italie & d'Espagne.

Tous les chretiens doivent tendre à
la perfection, *estote perfecti* &c. dit
J. C. Or puisque la virginité, selon la
R. est plus parfaite que le mariage, il
s'enfuit que tous les chretiens devroient
tendre à la virginité : c'est aussi à quoi
on les exhorte. Qui ne remarquera pas
la fausseté de ce principe si contraire à
la nature, & au but que la raison me
dit que Dieu s'est fait en créant l'homme, qu'il se multiplie ? or si toute la
terre êtoit chretienne, & que tous les
chretiens suivissent ce principe, on ne
seroit pas en peine de savoir quand ar-
riveroit la fin du monde. Cela ne tend-
il pas à la destruction de l'espece ?
Voyez

Voyez les loüanges qu'on donne à St.
Alexis d'avoir abandonné fa femme
le jour même de fes nôces : & d'avoir
mené une vie gueufe & inutile dans la
maifon de fon pére? On nous le donne
pour un grand faint qu'on prône comme un exemple merveilleux à inciter.
Que les C. l'imittent, que deviendra
la fociété? le peuple aime ce qui lui
paroit au deffus de la nature. On loüe
les vierges, parce qu'on regarde com-
munement cet état, comme très difficile & extraordinaire.

Qu'il eft oppofé à la vie civile, de
vivre feul, de prendre fa nourriture
par un trou, comme fi elle venoit du
Ciel! En un mot que la vie des moines
nuit à la fociété. Si tous les hommes
vivoient chacun à part, fans aucune
fociété, & fans aucun commerce, les
uns avec les autres, il feroit impoffible qu'ils fe fiffent aucun bien; Or il y
a plus lieu de croire, que de fe rendre
mutuellement fervice, & s'acquiter
des devoirs de bons citoyen, c'eft
remplir la fin que Dieu peut avoir eûe
en nous mettant au monde : ainfi à le
bien prendre l'état monaftique eft le
plus imparfait de tous les états ; le
peuple juge encore un coup par la
peine

peine qu'il y a de ne pas suivre le penchant de la nature ; & c'est sans doute le contraire, puisque ce penchant habituel est la marque visible que Dieu nous donne de sa volonté.

C'est se deffier de la volonté de Dieu & du soin qu'il prend de ses créatures, que de croire que les moines soient necessaires, pour le prier pour les autres hommes ; car outre qu'il s'en faut beaucoup que les moines prient toujours, le peuple le prie ; les moines sont des hommes comme les autres · ils n'ont d'autre caractére spécial que celui que l'imagination leur attribue, & que leur habit particulier & tout ridicule leur a acquis, mais ils sont comme les autres aux yeux de Dieu.

S'il est vrai de dire que Dieu exige de nous des priéres, il est sans doute plus agréable à Dieu, de le prier soi même, que de le faire prier par autrui ; mais le peuple veut toujours juger de Dieu comme d'un Roi. Les ville spayent pension à de certains courtisans pour les proteger auprès des souverains ; le peuple tient la même conduite ; il prie sur la terre les Saints qu'il croit dans le Ciel, il leur fait même des presens ; il entretient encore les

moines

moines pour le proteger auprès de Dieu.

La R. C. nous detache trop de la
felicité presente : elle veut que nous
rapportions tout à une felicité à venir
que nous ne connoiſſons pas. Or pour
l'utilité de la ſocieté civile, il faut ſe
rendre heureux en ce monde, parcequ'il paroit à la conduite de l'auteur
de la nature, qu'il y a eu en vûe la felicité des hommes en general, plûtôt
que celle de quelque particulier. Nous
devons tous entrer dans ce deſſein &
nous étudier à nous rendre mutuellement heureux. Si nous obſervons bien
ce qui ſe paſſe dans le monde, nous
verrons que ce deſſein bien executé,
eſt une voye ſûre pour notre felicité
particuliere, l'auteur de la nature ſem-
ble ne nous la donner qu'à ce prix ;
ceux qui ne ſont bons que pour eux
mêmes ſont ordinairement miſerables,
cette miſere eſt un éguillon dont la
Providence ſe ſert pour les faire ſortir
d'un état inutile à la ſocieté ; plus un
état nous rend utile, plus il nous en-
richit.

L'amour de nous mèmes, l'humanité, enfin la nature nous retiendra &
nous retient plus que la R. qu'on ſe
conſulte, la vanité, enfin les paſſions
retiennent

retiennent les hommes, & les portent
à tout, & perſonne n'a pû encore faire
le mal comme le mal, & nous ne devons pas donner au vulgaire lieu de
nous confondre avec les méchans.

La R. C. eſt le tombeau de la raiſon : elle empêche de faire du progrez
dans les ſciences *Captivantes intellec-*
tum. Enfin la R. tend à nous rendre
malheureux dans ce monde, ſous les
apparences d'une autre vie qu'elle
nous promet. En un mot pour être
parfait Chretien, il faut être ignorant,
croire aveuglement, renoncer à tous
les plaiſirs, aux hommes, aux richeſſes, vivre ſeul dans un deſert, aban-
donner ſes parents, ſes amis, garder
ſa virginité, en un mot faire tout ce
qui eſt contraire à la nature, donner
toutes ſes richeſſes aux gens d'Egliſe ;
après cela, vous êtes ſûrs, à ce qu'ils
vous promettent, d'aller tout droit au
Ciel.

CHAPITRE XI.

Qu'il y a un être ſuprême & la conduite
qu'un honnête homme doit garder
dans la vie.

JE ne peux conſiderer la beauté, l'ordre & l'harmonie de toutes les par-

M   ties

ties du monde , fans conclure que le
monde & les parties qui le compo-
fent , a été produit par un être fage &
puiffant, quand même la matiere feroit éternelle.

Combien de chofes merveilleufes
n'admirons nous pas dans le monde !
le flux & reflux de la mer, la nature
des corps fluïdes, la lumiere , les cou-
leurs , la circulation du fang, le jeu
de chaque partie du corps des créatures animées , & le concert admirable
de toutes enfembles. Toutes ces chofes épuiferont l'efprit humain avant
qu'il en ait imaginé la veritable caufe :
s'il faut tant d'attention & de penetra-
tion pour les demêler , quelle fageffe
a-t-il falu pour les inventer ? Il n'y a
pas une plante dont la ftructure ne foit
un ouvrage admirable , & qui demande plus de connoiffance dans l'auteur:
Peut-on après cela , penfer que l'univers foit une production du hazard ?
qu'on le fuppofe éternel, fi l'on veut,
on n'évitera point la force de cet ar-
gument. La confervation du monde
eft auffi difficile que fa production ;
Le tems qui confume tout , l'action
qui detruit continuellement les inftru-
mens , detruiroit & derangeroit enfin
quelque

quelque reffort, fi une fageffe infinie
ne veilloit à tout & n'avoit fagement
pourvû à tous les accidens , & n'entretenoit continuellement les mouvemens reguliers qu'elle peut feule avoir
imprimée à la matiere , incapable d'elle même de fe mouvoir : Les aftres
que nous voyons & leurs mouvemens
continuels & regulicts , ne nous con-
vainquent-ils point de la puiffance &
de l'exiftence d'un être ? mais lorfqu'un efprit éclairé par l'aftronomie ,
parcourt attentivement l'exactitude
& la regularité de ces vaftes corps dans
leurs revolutions , quelque fiftême
qu'on embraffe , il faut recourir à une
caufe intelligente de qui vient la regularité du mouvement de ces aftres , regularité fi utile à la terre.

Le plus ftupide des hommes eft convaincu que tout effet a une caufe , &
qu'un très grand effet fuppofe une
caufe dont la vertu eft grande : Le confentement general ne fouffre aucune
exception à cet égard là. On ne trouve aucun peuple , ni aucun particulier
qui ne reconnoiffent une caufe de
toutes chofes & la caufe des chofes
intelligentes , eft l'effet d'une intel
ligence parfaite ; un ouvrage d'une

ſtructure admirable , où la diſpoſition
des parties repond à une fin , eſt aſſû-
rement l'effet d'une cauſe intelligente :
voilà donc un auteur intelligent reconnu. Le même ſens commun dicte
qu'aucune autre cauſe n'a pû donner ,
ni limiter la perfection de la cauſe ;
qu'elle eſt donc ſans bornes. Voilà
donc l'auteur du monde reconnu pour
un être infini, la ſageſſe , la bonté , la
puiſſance , la juſtice , en un mot toutes
les perfections ſont raſſemblées dans un
être infini: & il eſt difficile de croire qu'il
ſoit infini & qu'il ne ſoit pas unique.

C'eſt cet Etre ſuprême & infini que
nous appellons Dieu, c'eſt lui qui nous
a donné pour nous conduire , la raiſon qui ſe trouve dans tous les hommes ; tant que nous la ſuivrons ſans
prevention , nous ne pourrons jamais
nous tromper. Il eſt de la providence
de Dieu d'en avoir uſé ainſi : pourquoi donc ſoumettre cette lumiere
qui nous eſt naturelle & qui par conſequent vient de lui , à la tirannie de
celle des autres? Comment puis-je être
ſûr du chemin , que je dois tenir , en
ſuivant les lumieres d'autrui ; ma raiſon peut errer , j'en conviens : mais
celle des autres hommes n'eſt-elle pas
ſujette

fujette aux mêmes défauts?

Un honnète homme ne doit pas donner fon confentement aux difcours dont il ne conçoit pas le fens ; il faut auffi qu'il prenne bien garde fi ce qu'on dit s'accorde à la droite lumiere de la raifon ; car lorfqu'il conçoit que cela ne s'y accorde pas, il eft impoffible qu'il fe rende, & qu'il puiffe confentir à ce qui repugne à cette lumiere.

Quoiqu'il ait beaucoup de chofes au-deffus de nôtre raifon, cependant nous ne voyons pas qu'ils choquent aucuns de ces principes clairs & évidens qui font feparez dans notre efprit: nous ne fommes pas capables de concevoir que la plus petite partie de la matiere puiffe ètre divifée éternellement ; néanmoins tant s'en faut que cela foit contraire à notre raifon, puifqu'elle nous convainc que cela eft ainfi, quoique nous ne comprenions pas comment cela fe peut faire.

Il y a d'autres chofes qui font directement contraires à ces principes clairs & évidens ; que notre raifon trouve dans fa propre nature, par exemple, qu'une partie eft égale au tout, ce feroit renoncer aux claires idées de la raifon.

raifon & de l'efprit fur lefquels la certitude de ce que nous croyons, ou que
nous connoiffons eft appuyé comme
fur les premiers principes fans lefquels
nous ne faurions avoir nulle affurance, fi nous croyons de telles chofes.

C'eft par cette raifon que nous connoiffons qu'il n'y a rien de plus difficile que ce que Dieu a deja fait dans la
création du monde, d'où nous pouvons conclure que Dieu peut faire
tout ce qui eft poffible ; & c'eft ce que
nous devons entendre lorfque nous di-
fons que Dieu eft tout puiffant ; mais
il n'y a perfonne fans doute, qui voulut foutenir que Dieu peut faire des
chofes, ou qui impliquent contradiction elles mèmes, ou qui foient for-
mellement contraires à fa nature & à
fes attributs : c'eft pourtant ce que la
R. C. lui fait faire ; & on en conviendroit, fi l'on vouloit ètre de bonne
foi.

L'immutabilité du confeil de Dieu
eft une fuite neceffaire de fa fageffe :
quiconque change de deffein, ou fe
repent de quelque chofe, fait connoître que fa prevoyance eft imparfaite
& fa fageffe defectueufe : Dieu n'eft
pas fufceptible d'aucunes imperfec-
tions.   Il

Il y a des personnes qui ne croyent pas à la R. C. par debauche, ou par impieté : ceux là ne peuvent ètre honnètes gens ; comme dez leur enfance, on ne leur a defendu le mal, que par la crainte de l'enfer ; dez qu'ils ne craignent plus cet enfer, ils ne font plus de difficulté de pratiquer le mal. Mais, il y a des personnes qui ne croyent point à la R. C. par raison ; & ceux là font de très honnètes gens ; l'esprit d'ordre les fait agir, & la raison les persuade par cet esprit d'ordre, combien il leur importe d'avoir de l'honneur & de la probité.

Il doit y avoir naturellement plus de probité dans une personne persuadée par raison de la faußeté de la R. C. que dans un chretien. (*) la confeßion autorise le crime par l'aßurance d'en ètre abfous ; on fait facilement un crime, lorsqu'on en espere le pardon, au lieu que l'homme d'ordre ne trouve point de reßource pour se pardonner ses fautes.

Il y a des actions éternellement bonnes ; & qu'un honnète homme doit pratiquer, comme de reconnoître un

(*) V. Charron de la Sageße L. 2. art. 28. & 29.

Dieu

Dieu, de ne faire aux autres que ce
qu'il voudroit qu'il lui fut fait, d'où
je conclus que les autres font effentiellement mauvaifes.

La preuve certaine à laquelle nous
devons reconnoître fi nous aimons
Dieu eft de voir fi nous fentons une
ferme & conftante refolution de lui
obeïr : ainfi nous devons avoir pour
guide que la raifon qui nous vient de
lui mème, & lorfqu'il a reconnu qu'il
parle, elle doit fe taire & écouter.

L'eftime interieure que nous avons
de Dieu, doit confifter dans une connoiffance convenable de fon ètre & de
fes attributs, & notre refpect exterieur
doit paroître en ce que nous faffions
toutes chofes qui nous paroiffent con-
venables à fon excellence & à notre
dependance de lui.

Puis donc que Dieu eft le créateur
& le maître de toutes chofes, nous
devons auffi les employer toutes à l'u-
fage pour lequel il les a faites, & nous
en fervir pour la fin qu'il s'eft propo-
fée en les créant, autant que par la
raifon qu'il nous a donnée, nous pouvons conroître fon deffein & fon but;
Il ne faut donc pas en aucun tems abu-
fer de ces chofes, ni en faire excez
pour

pour alterer nôtre santé, ni troubler nôtre raison, ni nous être en quelque maniére que ce soit, un obstacle à faire notre devoir.

De même Dieu ayant fait plusieurs choses pour l'usage & le service de tous les hommes, il n'est pas juste que ces choses soient accumulées entre les mains des uns avec superfluité, pendant que les autres manquent de ce qui leur est necessaire à la vie.

L'homme n'est pas fait pour être oisif, il faut qu'il s'occupe à quelque chose, & toujours avoir pour but la societé. Dieu ne se propose pas seulement le bonheur de quelques particuliers, mais en general, le bien & la felicité de tous les hommes. Ainsi les hommes doivent se rendre naturellement service, quelque difference qu'il y ait entre eux ; parcequ'il n'y a personne tel grand & élevé qu'il puisse être, à qui il ne puisse arriver à quelque heure, d'avoir besoin du secours & de l'amitie du plus pauvre : ainsi on doit s'obliger mutuellement. La fidelité & la sincerité sont très essentielles à la societé : tous les hommes peuvent tirer de là de très grands avantages, & cela contribue beaucoup à

les

les rendre mutuellement heureux.

Nous devons aimer les autres comme nous mêmes avec autant de sincerité que nous, c'est-à-dire que nous devons toujours faire envers les autres ce que nous jugerons raisonnable qu'ils fissent envers nous, si nous êtions dans les circonstances où ils se trouvent, & qu'ils fussent dans celle où nous sommes ! Celui qui est obligé par devoir de faire quelque chose, est aussi obligé de se mettre en état de l'exécuter, & d'employer tous les moyens & tous les instrumens necessaires pour en venir heureusement à bout.

Tel est la conduite que doit garder un honnête homme dans la vie : c'est une conduite qui a été pratiquée par les plus grands hommes de l'antiquité. Ces sentimens & cette morale de Platon & des autres payens est aussi pure que celle des C. Ceux-ci ne la pratiquent que parce qu'on leur enseigne que Dieu le veut & l'ordonne; les autres au contraire ne la pratiquoient que parce que la raison & la nature le leur inspiroit. J. C. n'est donc pas venu pour reformer la nature qu'on nous dit qui êtoit pour lors corrompuë. Les exemples de tant de sages Payens font bien
voir

voir qu'ils avoient une auſſi grande connoiſſance d'un Etre ſuprème, & un aſſez grand pouvoir de faire ce que la raiſon leur enſeignoit qui ètoit bon. Avoient-ils d'autre loi que celle que la raiſon inſpire naturellement ; non, mais c'eſt que la raiſon & la nature ſont des ouvrages de Dieu, & les religions ſont les ouvrages des hommes.

Voilà les doutes que je propoſe, non en perſonne entêtée, & prevenuë de ſes ſentimens & qui ſe croit infaillible, je ſais trop bien que ma raiſon peut errer ; mais en perſonne qui ſuit les lumieres de cette raiſon qui lui vient de Dieu, qui parle avec ſincerité & de bonne foi ; & qui cherche à s'éclaircir, & je proteſte de me rendre ſans entêtement, lorſqu'on me fera voir que j'ai erré, & ce que j'ai avancé eſt faux. Ouï : Mon Dieu, parlés vôtre ſerviteur écoute, *notam fac mihi viam in qua ambulem*, & je la ſuivrai avec toute la ſoûmiſſion & tout le reſpect que je dois à mon créateur & ſouverain Maître.

F I N.

www.ingramcontent.com/pod-product-compliance
Lightning Source LLC
Chambersburg PA
CBHW052358090426

42739CB00011B/2414